Índice

No table of contents entries found.

Sobre el autor

José Barceló©
Todos los derechos reservados

Web:
JoseBarceloFoto.com

Cursos de fotografía:
Mallorca Fotografica

Microstock: Cómo ganar dinero con tus fotografías

Aprende cómo vender tus fotografías a través de internet tanto si eres fotógrafo aficionado como profesional y convierte tu pasión en tu negocio.

José Barceló

Dedicatoria
A ti, para siempre.

¿Es este libro para ti?

Tanto si eres un aficionado a la fotografía, como si eres un profesional del sector y llevas años dedicándote a la creación de imágenes utilizando tu cámara de fotos, seguro que tienes un montón de fotografías almacenadas en tu disco duro que, en el mejor de los casos, utilizarás para hacer alguna exposición local, enseñas a tus amigos y familiares, o compartes en algunas redes sociales para que tus seguidores y conocidos puedan verlas y darle al botoncito de "me gusta". En el peor de los casos esas fotos no harán más que ocupar espacio en un disco duro ya que ni siquiera tú vuelves a mirarlas.

1. Si **te encanta hacer fotos**, y además piensas que se te da bien, en este ebook encontrarás la forma de conseguir vender muchísimas fotos a través de internet.
2. Si quieres **ganar dinero** vendiendo tus fotografías a través de internet
3. Si te gustaría, incluso sueñas con **vivir única y exclusivamente de tus fotografías**
4. No desvelo ningún misterio ni ningún secreto, simplemente quiero transmitirte mis **conocimientos y experiencias** para que no caigas en los mismos errores que caí yo en su momento. Además, te ahorrarás las decenas, o incluso cientos de horas que te llevaría entender el mercado de la venta de fotos a través de internet, a través de las agencias de fotografía.
5. Si lo que quieres es sacarle provecho a tus fotos, encontrar **una motivación más** para coger la cámara y salir a fotografiar.
6. Si ya **eres fotógrafo profesional y buscas una alternativa** a la fotografía comercial que llevas años haciendo y una de dos, o estás cansado de esas fotos y de los encargos, o simplemente buscar un complemento para los momentos de menos trabajo.
7. Si por el contrario, prefieres seguir subiendo tus fotos a todas las redes sociales o acumular fotos y más fotos en discos duros que irás apilando en un armario, no hace falta que sigas leyendo ya que a partir de ahora, tus fotos

te pueden hacer ganar dinero, incluso podríamos decir que mucho dinero.

Lo que ha supuesto para mi el Microstock

Como ves, ya dejo de hablar de la venta de fotos a través de internet y te hablo directamente del Microstock, que es el término que adoptó la venta de fotografías a través de agencias de fotografía cuando se adaptó a internet con pequeñas colecciones de fotos y todo el sistema de envío y venta online, pero ya te hablaré más detenidamente de esto más adelante.

Que ha supuesto para mi como persona

- **Convertirme en fotógrafo:** Para empezar, probablemente como persona no habría llegado nunca a convertirme en fotógrafo, posiblemente ni a plantearme ser fotógrafo, si no hubiese sido por el Microstock y descubrir que realmente es posible ganar dinero vendiendo fotos a través de internet.

Qué ha supuesto para mi como fotógrafo

- **Aprendizaje:** Todas las fotos que mandamos a las agencias de fotografía pasan una revisión. Si técnicamente no son correctas, entonces no pasarán a la venta, pero los revisores nos avisarán de por qué no han pasado a la venta, con lo que sabemos donde nos equivocamos y tan sólo nos falta saber qué hacer para no volver a caer en el mismo error, de ahí que nos ayuda a aprender mucha técnica fotográfica.
- **Motivación:** Pero además de esto, como fotógrafo, saber que tengo un lugar en el que vender mis fotografías, me motiva a experimentar, a fotografiar de formas diferente o elementos sin tener que esperar a que llegue un encargo o tener la sensación de que si fotografío simplemente por placer, estoy "malgastando" mi tiempo como fotógrafo. Así estoy seguro de que podré sacarle un provecho a todas esas fotos que hago, incluso a las fotos que hago por placer durante mis vacaciones.
- **Fotografías en todo el mundo:** Algo también muy interesante para mi, es el hecho de que tengo fotografías publicadas en todo el mundo. Ya no estoy hablando simplemente de las fotos de mi archivo en las agencias,

que son visibles para cualquier persona en cualquier rincón del mundo, con lo que suponen una estupenda galería, estoy hablando de tener fotos publicadas en webs, revistas, carteles, anuncios, etc. en todo el mundo. ¿Quién me iba a decir a mi, que viviendo en una pequeña isla del Mediterráneo, iba a publicar portadas en revistas rusas o griegas? ¿Qué iban a hacer un póster en Nueva York con un retrato que le hice a mi hermano? ¿Qué cientos de revistas y blogs utilizarían una foto de un bloque de mantequilla hecha en una habitación de casa, simplemente con la luz del sol entrando por una ventana? Todas esas fotos publicadas, al fin y al cabo me han servido para promocionarme como fotógrafo y conseguir encargos directos.
- **Visibilidad:** El hecho de tener un portfolio online con toda mi colección de fotografías, ha permitido que, por ejemplo, una conocida marca de yogurt helado, con su centro de operaciones en Sudáfrica se pusiera en contacto conmigo para pedirme que les hiciera las fotos de sus productos para que se vieran en todo el mundo. Y eso porque habían visto algunas de mis fotos de alimentos en Shutterstock.
- **Oportunidades:** Periódicamente imparto un taller de cómo vender tus fotos a través de internet en escuelas de fotografía y otros centros de imagen. Esto me conduce a conocer nuevos lugares al tener que viajar por el país hasta las ciudades en las que voy impartiendo el taller.

Algo más que vender fotos

Pero más allá de lo que me haya permitido a mi el Microstock, lo que me gustaría que vieras con todos estos ejemplos, es que, además de poder ganar dinero vendiendo tus fotos a través de las agencias, el Microstock tiene una serie de beneficios y oportunidades extra, que se te pueden presentar por el mero hecho de tener tus fotos a la venta a través de alguna de las agencias de Microstock

Como empecé y donde estoy ahora

Conocí el mundo del microstock, el mundo de las agencias de fotografía y por lo tanto, la forma de vender fotografías a través de internet alrededor de 2006, en una pequeña reseña que hacía una revista de fotografía sobre Fotolia.

Mis inicios

Hacía menos de medio año que me había comprado mi primera cámara réflex, una Canon EOS 350D y en ese momento me encontraba peleándome con los botones de la cámara para ver cómo narices funcionaba todo esto. En esa época empezaban a funcionar los foros y algunos de los blogs más antiguos de fotografía, pero la información sobre cómo utilizar la cámara era más bien limitada, así que si querías aprender, el camino era lento y necesitabas la ayuda de amigos y conocidos o leer muchos libros de técnica básica.

Pero ahí estaba yo, con algunas fotos en el disco duro del ordenador que me parecían interesantes, bonitas más bien diría yo, y que habían gustado a mis amigos y familiares, o eso me decían por lo menos.

La verdad es que no eran grandes fotos, eran más bien simplonas, pero me animé a registrarme en Fotolia y mandar mis primeras fotografías en busca de que se vendieran. No entendía muy bien el concepto, ni quienes eran los compradores, pero yo alucinaba con mis grandes fotos, así que estaba convencido de que se venderían. Y... no, las diez primeras fotos que mandé nunca se vendieron.

La primera venta

Pero un día, cuando tenía unas 30 o 40 fotos a la venta, me llegó un correo avisándome de que una de esas imágenes se había vendido, una foto de una vaca mirando a cámara sobre un prado verde. Pensar que alguien había pagado por una foto mía me motivó muchísimo a seguir mandando fotos. Está bien, había pagado sólo un euro por esa foto, pero nadie paga, ni tan sólo un euro por una foto que no le gusta o no le sirve para nada.

Ensayo y error: Crecimiento
Con el tiempo, experimentando y leyendo mucho, fui aprendiendo a manejar mejor la cámara y los programas de procesado digital, con lo que poco a poco las fotografías que mandaba a las agencias fueron mejorando, el archivo fue creciendo lentamente, pero las ventas también iban aumentando.

Al principio los ingresos me permitían una vez al año, comprarme ese libro de fotografía que tanta ilusión me hacía pero que me parecía bastante caro.

En la actualidad
Con el tiempo, la venta de fotografías a través de internet me ha supuesto que, actualmente, subiendo unas pocas fotos al mes (las que tenga tiempo de hacer y mandar a las agencias en función de los otros trabajos como fotógrafo que tenga programados) puedo mantener unos ingresos que me aseguran por ejemplo, que podría permitirme si fuese necesario, renovar mi réflex de formato completo cada año, o el equipo de iluminación que utilizo, o simplemente pegarme un viaje de 15 o 20 días a prácticamente cualquier lugar del mundo. Y todo eso tan sólo con las fotos que tengo ya a la venta y unas pocas (10-30 según los meses) que voy enviando nuevas cada mes..

En la nueva actualidad (año 2018)
Estoy trabajando exclusivamente para iStock y GettyImages. Decidí centrarme en una de las agencias más potentes y dedicar todos mis esfuerzos a producir material que funciona bien en esta agencia.

Actualmente he intensificado la producción de fotografía para stock o microstock durante determinadas épocas del año en las que se que normalmente tengo menos encargos.

Los meses en los que produzco menos fotografías puedo, o bien no subir ninguna si voy muy cargado de encargos, o subir unas 100-200 fotos si he logrado organizarme para hacer algunas sesiones.

Los meses en los que puedo centrarme más en la producción de fotos para stock, puedo llegar fácilmente a unas 300-500 fotografías nuevas.

Me estoy centrando de cada vez más en la producción de fotografías con modelos y de temas que se que se venderán aunque sea a largo plazo. He aumentado notablemente la inversión económica y el esfuerzo logístico en cada sesión, pero estoy viendo que la recompensa también es mayor.

Estoy preparando un nuevo ebook que he llamado "Producción fotográfica para Stock. Vende más que nadie en fotografía de Stock y Microstock" en el que te hablaré tanto de cómo organizo las sesiones y de mi flujo de trabajo, como de la forma en la que encuentro inspiración, modelos, nuevos temas, etc.

Recuerda que puedes suscribirte a la newsletter tanto de [José Barceló Foto](#) como de [Mallorca Fotográfica](#) para recibir las novedades sobre ebooks, cursos y noticias del estudio fotográfico.

Capítulo 1 - ¿Qué son las agencias de fotografía?

Empresas
Las agencias de fotografía son empresas, y como todas las empresas su fin principal es obtener beneficios.

¿Cómo consiguen beneficios?
Concretamente, las agencias de fotografía obtienen esos beneficios vendiendo imágenes creadas por fotógrafos. Las agencias se encargan por una parte de recibir y evaluar las fotografías que les mandan los fotógrafos y, por otra parte ofrecen las imágenes que logran pasar a la venta, a sus clientes, a través de la página web de la propia agencia.

Por encargarse de poner a la venta nuestras fotografías, las agencias se quedan una comisión, variable de una agencia a otra, pero igual para todos los fotógrafos que trabajen con esa agencia. De ahí obtiene los beneficios la agencia.

¿Qué ganamos nosotros?
A cambio de esa comisión, nos permite a nosotros como pequeños individuos prácticamente invisibles al mundo, la posibilidad de vender nuestras fotos a compradores en todos los rincones del planeta, es decir, amplifica enormemente nuestro alcance.

Los compradores acceden a la página web de la agencia y buscan de entre todas las imágenes que forman su colección (que puede ser de hasta 40 millones de imágenes), las fotografías que necesitan para sus proyectos.

Entonces, si hacemos bien nuestro trabajo, es posible que nuestras fotos llamen la atención de algunos de esos compradores y opten por descargarse nuestra fotografía en lugar de la de otro fotógrafo, con lo cual ya habremos obtenido una venta y nuestra comisión correspondiente, y todo eso, y ahora viene lo mejor, mientras estamos haciendo otras cosas como otros trabajos, fotos en otros lugares, disfrutar con la familia o los amigos o simplemente mientras dormimos.

Capítulo 2 - En qué consiste la fotografía de stock

La frase que suelo utilizar para definir la fotografía de stock cuando tengo que explicarla rápidamente es algo así como *"Es el tipo de fotografía en la que los fotógrafos crean imágenes, las que quieren, cuando quieren y como quieren, para ponerlas a la venta a través de las agencias de fotografía"*. Pero entrando un poco más en detalle, utilizaré algunos puntos para explicarte un poco más en que consiste lo que llamamos fotografía de stock.

Fotos sueltas o colecciones

La fotografía de stock consiste en fotografiar cualquier elemento o escena, tanto como fotografías sueltas como formando colecciones temáticas o conceptuales, con la idea de que esas imágenes pasarán a formar parte de nuestro archivo fotográfico y se venderán a través de las agencias de fotografía.

Venta durante años

La idea no es cobrar el trabajo al momento, como sería la fotografía por encargo en la que el fotógrafo realiza un trabajo, y cobra sus honorarios "al instante". El concepto de la fotografía de stock es diferente, se trata de crear fotografías que se vendan durante varios años, que nos aporten ingresos menores, pero durante un periodo muy superior al que nos aportaría un encargo, lo que se traducirá a largo plazo en iguales o mayores beneficios para nosotros.

Sin encargos

El fotógrafo se encarga de organizar sus sesiones. No va a llegar nadie diciéndote qué tipo de fotos tienes que hacer, o cómo tienes que hacerlas, lo que por un lado te da total libertad creativa, pero por el otro lado te supone un esfuerzo enorme a la hora de mantener una creatividad y una calidad aceptables.

La vida de una fotografía para stock

En resumen, el camino que sigue una fotografía de stock a lo largo de su vida como foto sería más o menos el siguiente:

1. **Sesión fotográfica:** El fotógrafo prepara la sesión, hace las fotos que quiere hacer, las selecciona, procesa, etc. y

de esa sesión consigue un número de fotografías listas para enviar a la agencia
2. **Envío:** El fotógrafo manda las mejores fotos de esa sesión a la agencia
3. **Revisión:** La agencia recibe las fotos y pasan a la cola de revisión. Un inspector, o revisor, examinará las fotografía al detalle y valorará si, por un lado son técnicamente correctas y, por otro, si tienen suficiente potencial comercial como para venderse a través de la agencia.
4. **Aceptación o rechazo:** Si el revisor da el visto bueno a tu foto, ésta pasará a estar a la venta, formará parte de la colección de la agencia y los compradores podrán descargársela tras pagar su precio. Además pasará a formar parte de tu colección o portfolio online en la agencia. Si por el contrario el revisor no la acepta, será eliminada de los servidores de la agencia y, salvo que puedas corregir los errores que han provocado el rechazo (por ejemplo con un mejor procesado) y vuelvas a enviar la foto, no podrá pasar a la venta.

Capítulo 3 - Stock Clásico frente a Microstock

Hoy en día, es habitual encontrar agencias que venden fotografías siguiendo tanto el modelo del stock tradicional como el modelo del microstock, pero podemos diferenciar algunos puntos entre ambos modelos:

- Aunque esto está cambiando, generalmente las agencias de stock clásico vendían imágenes de fotógrafos de renombre, con una trayectoria profesional amplia y conocidos por sus buenos trabajos. Sin embargo en las agencias de microstock no es necesario ser un destacado fotógrafo para poner a la venta tus fotografías. Mientras cada una de las fotografías individuales tenga la calidad suficiente, podrás ponerlas a la venta.
- Las agencias de stock, generalmente venden sus fotografías bajo licencias con derechos reservados. El comprador obtiene imágenes de gran calidad para un uso determinado y durante un determinado periodo de tiempo, si necesita volver a usar esa fotografía al cabo de un año debe volver a pagar por ella. En el caso del microstock se comercializan las fotografías bajo licencia "royalty free", es decir, libre de derechos. El fotógrafo continúa poseyendo los derechos de autor sobre la imagen, pero el comprador puede usar durante el tiempo que quiera esa fotografía, con algunas limitaciones, pero sin pagar más derechos de autor que cuando la compra por primera vez.
- El número de ventas por fotografía es infinitamente superior en las agencias de microstock.
- Los precios de venta son más altos en las agencias de stock clásico que en las de microstock y las comisiones para el fotógrafo generalmente son mayores también en las agencias de stock clásico.
- El perfil de los compradores en las agencias de microstock son pequeños negocios que pueden acceder a imágenes de alta calidad sin tener que invertir mucho en ello. Por contra obtienen fotografías que podrán usar también sus propios competidores. En el caso de las

agencias de stock clásicas, los precios prohibitivos aseguraban en cierta medida la exclusividad, por lo menos durante el periodo por el que se habían pagado los royalties

Capítulo 4 - Qué es el Microstock

El Microstock es una parte del negocio de la fotografía de stock. En principio es el concepto que hace referencia a pequeñas colecciones de imágenes que se venden única y exclusivamente a través de internet, por lo que todo el trato entre fotógrafos colaboradores, agencias y clientes, será online.

Colecciones en crecimiento

Con el tiempo esas colecciones han crecido enormemente, pero el negocio sigue siendo exclusivamente a través de internet.

Libre de derechos (Royalty free)

Otra idea relacionada con el concepto del Microstock, es el de imágenes "Libres de derechos" o "Royalty Free", que indica que los compradores, una vez pagado el precio de la imagen no deberán pagar derechos de otras partes como por ejemplo modelos o propietarios de espacios privados.

Libre de derechos o Royalty Free, no significa que nosotros como fotógrafos no vayamos a cobrar unos "Royalties" por cada venta de la imagen, sino que el comprador, una vez haya pagado la foto, no tendrá que seguir desembolsando dinero cada vez que tenga que volver a utilizarla como ocurre con las imágenes que se venden bajo "Derechos reservados"

Precios bajos

Para rematar la jugada, el mercado del Microstock ofrece precios realmente bajos, como generalidad suele decirse que las fotos cuestan alrededor de un dólar, aunque como verás, ese precio puede aumentar fácilmente. Estos precios tan bajos ayudan a que las fotografías se vendan muchísimo, con lo que en lugar de ganar mucho dinero con una sola venta, ganamos pequeñas cantidades cada vez y durante mucho tiempo.

Comisiones relativamente bajas

Debido a los gastos de trafico de datos, servidores, etc. que tienen las agencias de Microstock, las comisiones que nos pagan a los fotógrafos son realmente bajas, sobre todo si las comparamos con otras agencias de fotografía que no siguen el concepto del Microstock. Estas comisiones suelen ser de entre un 15 y un 30% por cada venta, aunque pueden llegar hasta un 60% en algunas agencias. Pero al fin y al cabo... ¿Qué es menos, un 60 o 80% de una foto que jamás se vende, o un 15-30% de una foto que se vende cada día varias veces?

Capítulo 5 -¿Qué sentido tiene vender fotos a precios tan bajos?

Aquí, aprovecharé para contarte de forma breve la historia del Microstock ya que creo que te servirá para entender mejor el porqué de esos precios tan bajos y, lo que ha propiciado que se vendan fotos a esos precios.

Nacimiento del Microstock

En el año 2000, Bruce Livingstone, un joven emprendedor, decidió subir toda su colección de fotos a su página web, www.istockphoto.com, para que pudiera descargárselas todo aquél que estuviese interesado. Lo único que debía hacer el interesado para poder descargárselas, era registrarse en la web. En poco tiempo, un montón de diseñadores se habían registrado en la web y estaban interesados en compartir también sus fotos, con lo que iStockphoto se convirtió en una especie de red social en la que compartir y descargarse fotografías de manera gratuita. Tan sólo debían subir cinco fotos para poder descargarse una.

Crece a marchas forzadas

El crecimiento de iStockphoto fue tremendo y a finales de 2001 ya contaba con más de un millón de usuarios registrados.
Este tráfico tan enorme de fotografías a través de la web, hizo aumentar muchísimo los gastos de mantenimiento de la comunidad, con lo que Livingstone decidió establecer un precio por descarga, 25 céntimos de dólar por cada fotografía que un usuario quisiera descargarse, 20 céntimos serían para cubrir gastos y 5 céntimos para el autor de la fotografía descargada.
De red social a negocio
Con cinco céntimos de beneficio por cada descarga, los fotógrafos no tenían muchas intenciones de ganar dinero al subir sus fotos a iStockphoto, pero eso les permitía ganar unos céntimos que les ayudarían a la hora de descargarse fotos de otros vendedores para sus propios proyectos.
Pero iStockphoto se abrió al público y empezaron a registrarse compradores que no querían subir fotos sino simplemente

conseguir imágenes de una calidad de cada vez mayor, para poder utilizar en sus negocios. Entonces las ventas empezaron a incrementarse, con lo que los beneficios tanto de iStockphoto como de los fotógrafos que tenían ahí sus fotografías, también aumentó rápidamente.

Aparece la competencia y un nuevo concepto

En 2004, iStockphoto se había convertido en una importante empresa, pero empezaron a aparecerle competidores. Bigstockphoto, Canstockphoto y Dreamstime aparecieron como competencia directa basándose en el mismo concepto de negocio de pago-por-descarga, pero Shutterstock optó por un nuevo concepto, el de la suscripción. El comprador interesado en adquirir una gran cantidad de imágenes, puede pagar una cantidad fija al mes y descargarse un número determinado de fotos. Esta nueva forma de precios se fue extendiendo a todas las agencias.

Momento cumbre del Microstock

Ten en cuenta que en esa época, todas las empresas querían crear su página web, veían la oportunidad de darse a conocer a través de internet, de ampliar su rango de acción gracias a la mayor visibilidad de su web, con lo que existía una necesidad de imágenes para satisfacer esa demanda. Los compradores podían acceder a las antiguas agencias de fotografía y gastarse fortunas para comprar unas pocas fotografías para su web, o bien, podían acceder a una de esas nuevas agencias de Microstock y comprar muchísimas más fotos, gastándose muchísimo menos dinero. Lógicamente optaron por la segunda opción, algo que ayudó todavía más al crecimiento de las agencias de Microstock.

Capítulo 6 -¿Quién compra las fotos de agencia?

Cualquier persona interesada puede comprar una fotografía en las agencias de Microstock, pero si nos paramos a mirar donde se publican las fotografías y cómo se utilizan, nos daremos cuenta de quiénes son los compradores mayoritarios y por lo tanto nos haremos una idea de cómo debe ser una foto para Microstock.

1. **Pequeñas empresas:** Con los precios habituales de venta en las agencias de Microstock, la mayoría de los clientes de éstas son pequeñas empresas, que no buscan fotografías exclusivas, sino que necesitan algunas fotos pero con un bajo presupuesto. Esto supone que el mercado se abre de unas pocas grandes empresas a un público muchísimo mayor.
2. **Diseñadores:** Algunos diseñadores basan sus creaciones en fotografías o bien, utilizan composiciones de fotografías para sus diseños, con lo que también son un público con una gran demanda en el mercado del Microstock.
3. **Publicistas:** En el fondo, la fotografía de Microstock es fotografía publicitaria, se utiliza muchísimo en folletos, pancartas y otros materiales de marketing de muchas empresas, con lo que tendremos que tener en cuenta los requisitos de una fotografía publicitaria a la hora de crear nuestras imágenes para que se vendan más en la agencia.
4. **Revistas:** Muchas revistas utilizan fotografías de las agencias para reforzar los textos, imágenes de relleno, decorativas o que ayudan a entender mejor el significado de las palabras escritas. En general, las publicaciones con más prestigio no optarán a fotografías de agencias ya que darán valor a que las fotos de su revista no salgan publicadas en otros medios, pero en cambio, las revistas más populares, revistas gratuitas, que vienen con otras publicaciones, etc. sí optarán por el mercado del Microstock ya que estas fotografías se adaptan más a sus presupuestos.

5. **Blogs:** Parece increíble pero la mentalidad de las personas en relación a los derechos de propiedad intelectual poco a poco va cambiando. La idea de que todo en internet es gratis va desapareciendo y el público está cada vez más dispuesto a pagar por lo que encuentra en internet. Hasta tal punto, que muchos blogueros que publican y comparten de manera altruista información en la red, acceden a las agencias de Microstock para descargarse y utilizar esas fotografías en sus blogs de forma legal.
6. **Otros fotógrafos:** No debemos olvidar que miles de fotógrafos se pasan horas delante de las agencias, son las que mejor las conocen, con lo que también pueden ser un público objetivo. Por ejemplo, yo como fotógrafo y como profesor de fotografía en Mallorca Fotogoráfica, soy consumidor habitual de fotografías de Microstock para el blog o para promociones. ¿Por qué no las hago yo directamente? Pues simplemente por falta de tiempo o porque me es más fácil acceder a una agencia y pagar uno o dos euros por una de sus fotos, que tener que organizar una sesión fotográfica de algo que me sería muy complicado.

Como ves, los clientes de agencias de fotografía son compradores que no buscan una exclusividad, no buscan imágenes concretas, sino simplemente imágenes ilustrativas, de relleno, que les permitan "decorar" su web, su empresa, sus folletos, el material que sea, con imágenes de calidad pero no por encargo.

Son conscientes de que ese precio tan bajo que están pagando por la imagen, puede traducirse en que algunas empresas de su competencia estén utilizando las mismas imágenes, pero el precio les compensa correr ese pequeño riesgo.

Entonces, ¿dónde podrás utilizarse las fotografías compradas a través de Microstock? En cualquier lugar siempre que no incumpla las leyes de los países en que se utilicen y que no se utilicen para ilustrar nada "moralmente incorrecto" como pornografía por ejemplo, que sin ser ilegal, a nadie le gustaría que usaran su imagen si la fotografía no ha sido tomada expresamente para ese fin.

Capítulo 7 -¿Cómo es una foto para Microstock?

En principio cualquier tipo de fotografía puede ser aceptada para la venta siempre y cuando cumpla con las condiciones mínimas de calidad exigidas por cada agencia.

Estas condiciones no son muy elevadas en cuanto al material que utilicemos para la toma (una cámara compacta nos vale perfectamente) pero sí suelen exigir (de cada vez más) fotografías técnicamente perfectas, con una exposición, contraste, iluminación, nitidez, composición, etc. perfectos.

Aunque cualquier tipo de fotografía puede ser aceptada, parece que las agencias son más permisivas en cuanto a calidad de imagen, en las fotografías más comerciales o con menor número de fotos a la venta sobre ese tema.

Para que se entienda mejor, una fotografía casi perfecta de una escena poco comercial, sin ningún concepto interesante y de algo que pueda fotografiar cualquiera, puede ser rechazada con más facilidad que una fotografía más comercial, con un poder visual muy potente o de alguna escena o concepto difícil de conseguir.

Una exigencia importante a tener en cuenta es que si en la fotografía aparecen personas o propiedades privadas reconocibles, deberemos presentar junto a la fotografía un contrato de modelo o de propiedad en el que se ceden los derechos de imagen. En el caso de menores de edad deberemos presentar ese contrato de modelo firmado por los padres. En microstock se venden las fotografías libres de derecho, por lo que no pueden venderse con derechos de imagen.

Otra condición que nos ponen las agencias de microstock es que no pueden aparecer marcas comerciales o elementos protegidos por los derechos de autor como puedan ser obras de arte, edificios de autores registrados, etc.

En el caso de tratarse de fotografías que podrían ser noticia (eventos deportivos, fiestas nacionales, etc.) se pueden incluir bajo licencia de editorial sin necesidad de contratos y pudiendo aparecer marcas comerciales en ellas. Pero más adelante, te explicaré con más detalle todo lo relacionado con las licencias de venta.

Existen una serie de ideas que harán que una imagen se adapte mejor que otras y que por lo tanto se venda más:

1. **Conceptos generales:** Cuanto más general sea el concepto, mayor será el público al que podamos acceder, por lo tanto más se venderán nuestras fotografías. Ten en cuenta que esto se traduce también a los detalles técnicos. Por ejemplo, una foto con un objeto cortado, no podrá tener nunca el trozo de objeto que falta, pero si enseñas ese objeto al completo, el comprador sí podrá recortar la imagen por donde más le interese.
2. **Conceptos específicos:** Otra opción para conseguir ventas, es dirigirte a un público objetivo. Las agencias de fotografía están llenas de imágenes generalistas que entrarán en competencia con las tuyas si también lo son, con lo que una buena estrategia puede ser combinar fotografías de conceptos generales con otras fotografías mucho más dirigidas a un público específico.
3. **Técnicamente correctas:** El Microstock no admite errores técnicos. La exposición, enfoque, procesado, etc. deben ser perfectos.
4. **Conceptos positivos:** Ten en cuenta que a la gente no le gusta estar triste, con lo que los compradores buscarán imágenes que alegren a sus clientes, los conceptos positivos se venden mucho más que los negativos, aunque siempre puedes encontrar un nicho de mercado si eres bueno fotografiando conceptos negativos.
5. **Personas sonrientes, objetos perfectos:** Las fotografías se utilizarán habitualmente en publicidad, con lo que cuanto más preciosas sean las personas que aparecen en tus fotos y más perfectos los objetos, mucho mejor.
6. **Lugares espectaculares:** Paisajes con nombre (las cataratas del Niagara, el glaciar Pepito Moreno, etc.), edificios emblemáticos (La Torre Eiffel, Torre de Pisa, etc.) lugares típicos de postal serán los que más se vendan.
7. **Fotos preparadas:** La idea no es ir captando instantáneas por todo el mundo, sino preparar las fotos. Si quieres crear una foto de una persona sonriendo

delante de un desayuno nutritivo, no vayas por la calle buscando una escena así, busca modelos, prepara un desayuno saludable y consigue las mejores fotos de tus modelos con ese desayuno.

Te recomiendo que eches un vistazo a las colecciones de las agencias, especialmente a las fotografías más vendidas para que vayas haciéndote una idea del tipo de fotografías que más se venden. Entonces plantéate quién puede estar interesado en esas fotografías y qué ha supuesto para el fotógrafo preparar y crear esas imágenes.

Capítulo 8 -¿Qué fotos no son válidas para vender?

Aunque como digo en principio cualquier fotografía es válida para vender a través de una agencia de Microstock, no es cierto que todas las fotos que hagas serán válidas para las agencias. Lógicamente, como te he comentado antes, las fotografías que no sean técnicamente correctas, no pasarán la prueba de inspección y por lo tanto no llegarán a estar a la venta.

Pero existen una serie de condiciones que harán que una foto pueda no ser válida para las agencias.

1. **Errores técnicos**
2. **Familiares:** No me refiero a fotos preparadas de familias posando ante la cámara, que estas sí pueden ser muy válidas, de hecho se venden mucho este tipo de fotos. Me estoy refiriendo a fotografías instantáneas de familiares y amigos, sin preparar, poco elaboradas, etc. Hablo del tipo de fotografías que harías con el móvil sin preocuparte mucho por el aspecto de la foto.
3. **Con marcas registradas o derechos de autor:** Como el concepto de la fotografía para Microstock es el "Royalty Free", es decir, el Libre de Derechos, en las fotografías no pueden aparecer elementos que conserven derechos de imagen, propiedad, autor o industriales registrados, por lo que cualquier fotografía en la que aparezca un logotipo, marca registrada, diseño, pintura, etc. no será válida para la venta a través de la agencia si no eliminamos esa marca registrada o logotipo previamente con Photoshop® o cualquier otro programa de procesado fotográfico.
4. **Fotografías demasiado personales o artísticas**: La idea del Microstock es que las fotografías sean comerciales, publicitarias, por lo que un tipo de fotografía demasiado abstracta, conceptual o lo que algunos llaman artística, no será válida. Lógicamente si tu fotografía personal consiste en fotografiar retratos, bodegones o paisajes, puede adaptarse a la perfección a la idea del Microstock.
5. **Fotografías sin preparar:** Aunque muchas fotografías que no estén preparadas ni planificadas serán válidas, la

si quieres conseguir tener muchas fotos a la venta y que además éstas se vendan, es que prepares, organices tus sesiones fotográficas, tus salidas al campo, etc. con la idea de obtener los mejores resultados posibles.

Capítulo 9 - Las principales agencias

iStock

Hace ya 18 años, en el año 2000, nació iStockphoto, una web en la que Bruce Livingstone compartió todas sus fotografías para que quien quisiera, pudiese descargárselas gratuitamente. Pero ha llovido mucho desde entonces y actualmente, iStockphoto es simplemente iStock, forma parte de Getty Images y Livingstone ya no es el propietario, de hecho, ni siquiera forma parte de la compañía ya que la dejó para crear Stocksy.

A través de esta agencia de fotografía, tanto si te dedicas profesionalmente a la fotografía como si no, puedes vender tus imágenes a los precios habituales en el mercado del microstock y bajo las licencias habituales.

- **Vender fotos en iStock**

Lo primero que tienes que hacer es crear una cuenta, es decir, registrarte con tus datos (reales). Entonces podrás acceder al material de formación inicial, que debes leerte para después pasar la prueba de evaluación.

Tras pasar ese examen, en iStock te pedirán que mandes tres fotografías que cumplan el estándar de calidad así como las condiciones típicas de la venta de imágenes libres de derechos o "royalty free". Si esas tres fotografías son aprobadas, ya podrás empezar a enviar tus fotos a iStock para que las revisen y pasen a la venta a través de su web. En el caso de que alguna de las fotos no cumpla los requisitos de la prueba inicial, deberás mandar otra que si los cumpla, pero no será necesario que envíes las fotos que ya pasaron la prueba la primera vez.

- **Los precios y las colecciones de iStock**

Al principio, como fotógrafo novato y no exclusivo de iStock, te llevarás tan sólo el 15% del precio de venta de tus fotos. El resto, se lo queda iStock para cubrir sus propios gastos y, obviamente, para su propio beneficio. Con el tiempo, si aumentas tus ventas o te haces fotógrafo exclusivo de esta agencia, podrás aumentar ese porcentaje de beneficios hasta un máximo de un 45% de comisión.

En los últimos cambios que ha llevado a cabo esta agencia, se ha reducido enormemente el complejo sistema de colecciones y precios que tenían montada, y ahora todo se reduce a dos colecciones, la "Essentials" y la "Signature". Además, el precio de las fotos ya no depende del tamaño de la descarga, con lo que el precio es fijo para todas las fotos: 1 crédito para las fotos de la colección "Essentials" y 3 créditos para las "Signature"

Entonces teniendo en cuenta que un crédito cuesta entre 7,24 y 12,5 euros, puedes llevarte entre 1,08 y 1,88 euros por foto en tu colección "Essentials" al ser colaborador no exclusivo de rango más bajo. y entre 5,43 y 9,38 euros si tus fotos están en la colección "Signature" y eres colaborador exclusivo de rango más bajo.

En el caso de que los compradores necesiten las fotografías para usos que no queden cubiertos con la licencia estándar, como puede ser, una impresión/tirada ilimitada, tienen que pagar el precio de la licencia extendida que sale, en función de la licencia extendida que necesite. El precio de esta licencia extendida es de 18 créditos. El porcentaje de beneficios que te llevarás variará en función de tus condiciones de colaborador. No es algo habitual vender fotografías bajo licencia extendida, pero es cierto que en cuanto se vende alguna, nos permite llevarnos un buen pellizco.

- **Hacerse colaborador exclusivo**

Si merece la pena hacerse colaborador exclusivo en alguna agencia, esta es iStock.

Nos ofrecen unos porcentajes mayores en comisiones, sino porque además nuestras fotografías se venderán a precios más altos.

Además de esto, iStock favorece su contenido exclusivo situando esas fotos en los primeros lugares de los resultados de búsqueda, con lo cual, los colaboradores exclusivos venden más fotografías. Sin embargo, la desventaja es clara, pones todos los huevos en una misma cesta.

Para hacerte colaborador exclusivo tienes que tener un porcentaje de aceptación de las fotografías enviadas de más del 50% y haber vendido más de 250 fotografías directamente a través de iStock (no cuentan las descargas de los partners)

Si no deseas hacerte exclusivo, ten en cuenta que la mayoría de tus ventas se realizarán a través de las agencias asociadas a iStock y que el número de ventas será menor a la de otros fotógrafos que sí acepten la exclusividad.

- **Mi experiencia en iStock**

Tras varios años vendiendo fotografías a través de esta agencia como colaborador no exclusivo y siguiendo mis propias estadísticas, es la segunda agencia en la que mayores beneficios obtengo. Si bien es cierto que estoy bastante satisfecho con los resultados que me está dando esta agencia, la verdad es que es la que más cambios en sus condiciones ha sufrido, por lo que no se hasta qué punto esos beneficios se mantendrán estables en el futuro si continúan los cambios.

También es cierto que es la agencia que menor porcentaje de beneficios aporta por cada descarga, pero como el número de descargas, especialmente a través de los partners al ser colaborador no exclusivo, es bastante elevado, personalmente, aunque en ocasiones me pueda molestar ese porcentaje ridículo de comisión, estoy satisfecho con los beneficios que me aporta.

La verdad es que estoy tan satisfecho con esta agencia, que me planteo convertirme en colaborador exclusivo en el futuro. Ahora mismo no puedo hacerme colaborador exclusivo ya que tengo contrato de permanencia con otras agencias, pero en cuanto finalice dicho contrato, posiblemente me convierta en colaborador exclusivo de iStock.

Actualizado: La realidad actual, a finales de 2018 es que estoy trabajando exclusivamente con iStock y con GettyImages (son la misma compañía) y estoy plenamente satisfecho con mi condición de fotógrafo exclusivo en esta agencia.

Shutterstock

Cuando los alumnos del taller de microstock me preguntan a ver en qué agencia se venden más fotografías, no dudo, esta es Shutterstock. Es la agencia que, tanto en mi caso como en la de la mayoría de fotógrafos que venden sus fotos a través de internet, más fotografías vende. Si bien es cierto que las fotos se venden a precios más bajos por el sistema de suscripción que tiene esta agencia, lo que sí que es verdad, es que el gran número de ventas, la convierte también en la agencia que mayores beneficios proporciona a la inmensa mayoría de fotógrafos de stock.

- **Un poco de historia de Shutterstock**

En 2004, Jon Oringer fundó Shutterstock en un momento en el que el mercado de las agencias de fotografía estaba dominado por las agencias clásicas y por la ya plenamente establecida iStockphoto que estaba ganando terreno con su nuevo concepto de venta de fotografías online, el "microstock".

Desde el principio, Shutterstock estableció un nuevo sistema de compra de imágenes. En iStockphoto los compradores tenían que pagar por cada foto que necesitaban o querían descargarse, y pese a los precios realmente bajos de las fotos, el comprador que día a día, mes a mes, quería descargarse fotos, necesitaba desembolsar una suma importante para hacerse con una buena colección de fotos.

Pero ahí estaba Jon Oringer, el fundador de esta agencia, dispuesto a ofrecer la solución definitiva a esa necesidad continua de fotografía a través de un sistema de suscripción, que permitiría a los compradores descargar un número de fotos cada día durante un mes, pagando una única cuota mensual.

Hoy en día prácticamente todas las agencias de microstock tienen establecido su propio sistema de suscripción que les permite mantener a sus clientes fieles a la agencia.

- **El sistema de suscripción**

Posiblemente el punto más fuerte de Shutterstock que le ha llevado en convertirse en la agencia que más fotografías vende y que más beneficios reporta a los colaboradores es su sistema de suscripción. Éste funciona de la siguiente manera. El comprador paga una cuota mensual fija y puede descargarse 25 fotografías al día durante un mes (bajo la licencia estándar) sin tener que pagar nada más que esa cuota.

El tema está en cómo pagar a los colaboradores por las descargas que reciban, es decir, cómo pagarles por cada venta, si el comprador ya ha hecho el pago y todavía no sabe qué fotos va a comprar. Entonces Shutterstock decidió pagar a los fotógrafos una cantidad fija por cada descarga que hace un cliente suscriptor. Esta cantidad depende del ranking en el que se encuentre el fotógrafo y varía desde los 0,25 dólares, hasta los 0,40 dólares.

- **Qué supone el sistema de suscripción de Shutterstock**

A simple vista recibir entre 25 y 40 céntimos de dólar por vender una foto puede parecer ridículo, y en parte lo es. El tema está en que gracias a su sistema de suscripción, Shutterstock es la agencia que más descargas recibe cada año y como el concepto de la fotografía de microstock no es vender caro sino mucho, este sistema se adapta perfectamente a la idea.

Supón por un momento que eres cliente de Shutterstock. Pagas tu suscripción mensual y dispones de 25 descargas al día durante 30 días, pero resulta que, por tu trabajo, la mitad de días, te bastaría con 15 fotos. Entonces seguro que te bajas las otras 10 fotos diarias que te quedan extra para llegar a tu cuota de 25 fotos al día aunque no vayas a utilizarlas. Puede que te sean de utilidad más adelante, o puede que jamás, pero para aprovechar tu suscripción, te las descargas y por lo tanto el fotógrafo que recibe esas descargas cobra su parte. Esto supone que se realicen muchas más descargas de las realmente necesarias, y eso en el fondo nos beneficia a los colaboradores.

Por otra parte, tienes que tener en cuenta que Shutterstock es una agencia que se basa en clientes que tienen una gran necesidad de fotos a diario, estos pueden ser diseñadores, agencias de publicidad, editores gráficos, etc. lo que marca muchísimo el tipo de fotos que más van a venderse. Debes entender las necesidades de estos colectivos para producir fotografías que se vendan más y mejor en esta agencia.

- **Empezar a vender fotos en Shutterstock**

Como en cualquier agencia tienes que registrarte, pero en este caso la agencia diferencia entre cuentas de comprador y de colaborador. Debes crear tu cuenta de colaborador y leer sus condiciones. Pero antes de poder empezar a vender fotos, tendrás que pasar una prueba de acceso en la que tendrás que mandar 10 fotos, con su título, descripción y palabras clave correctamente escritas, para que los inspectores de Shutterstock puedan comprobar que realmente conoces el negocio del microstock.

De las 10 fotografías que envíes, 7 deberán ser aceptadas para poder empezar a mandar fotos a la agencia con regularidad. Si no alcanzas la siete fotos aceptadas, deberás esperar unos 30 días para volver a realizar la prueba.

Te recomiendo que envíes tus mejores fotos, fotografías que se estén vendiendo en otras agencias, una colección variada y que compruebes que el título, la descripción y las palabras clave están correctamente escritas, en inglés y sin errores gramaticales ni que se salgan de las normas de keywording de la agencia.

- **No a la exclusividad**

Esta agencia no tiene la posibilidad de colaborar como fotógrafos exclusivos en ella. Como dijo Jon Oringer en un artículo que escribió en su blog hace casi dos años, en Shutterstock simplemente piensan que no tiene sentido la exclusividad en un mercado que lo que busca es el máximo número de ventas.

Fotolia (Actualizado: Ahora es Adobe Stock)

Es la que podríamos decir que la agencia que más ha crecido en los últimos años. De las principales agencias de fotografía (iStock, Shutterstock, Fotolia) fue la última en llegar, pero lo hizo para quedarse y entrar en competencia directa con los dos monstruos del microstock, iStock y Shutterstock.

- **El poder del traductor de Fotolia**

Si hablamos de microstock, no cabe duda que la lengua de este mercado es el Inglés, etiquetamos las fotografías en inglés, los principales foros y webs especializadas en microstock se escriben en inglés, etc. Pero llegó al mercado Fotolia queriendo romper esta costumbre con su traductor automático de palabras clave y una web y sedes para cada país en el que vendía sus imágenes.

Entonces siguiendo el sentido del microstock de vender fotos en todo el mundo, parecía lógico adaptarse tanto a los compradores como a los vendedores de todo el mundo. Esto es lo que hizo Fotolia y que le permitió aumentar sus beneficios y su posición en el mercado del microstock a toda velocidad hasta llegar al lugar que ocupa hoy en día entre los reyes del microstock.

Gracias a este traductor automático, puedes etiquetar tus fotografías en tu idioma, por ejemplo una foto de una manzana, en Español y que de manera totalmente automática un comprador de Rusia cuando busque "manzana" en ruso (яблоко) podrá encontrar tu fotografía de la manzana sin que tu tengas ni idea de cómo se dice manzana en ruso ni el comprador ruso de cómo se dice "яблоко" en español.

- **Los precios y la suscripción**

Como prácticamente todo el funcionamiento del mercado del microstock ya estaba establecido, Fotolia tenía poco margen para crear o modificar el sistema de precios al que se habían acostumbrado los clientes de estas agencias, con lo que únicamente se adaptó a lo que había, ajustando los precios y adaptando rápidamente un sistema de suscripción similar al de Shutterstock.

Donde sí están "innovando" últimamente es en el sistema de venta de packs de imágenes mensuales, con los que el comprador se hace con una suscripción con un sistema similar al que te conté cuando hablé de Shutterstock, pero sin límite de descargas diarias sino mensual. A parte de esto, no hay muchas más diferencias con los sistemas de iStock o Shutterstock de los que ya te he hablado.

- **Dollar Photo Club**

Aquí si que ha innovado Fotolia. Se trata de un club para clientes selectos de Fotolia en el que éstos, disponen de millones de fotografías a máxima resolución por tan sólo 1 dolar. Estos clientes tan sólo tienen acceso a Dollar Photo Club previa invitación, y deben pagar una tasa de 10 dólares al mes (obteniendo diez imágenes gratis) para poder acceder al resto de imágenes en alta resolución y como siempre, libres de derechos.

Todo esto simplifica mucho el funcionamiento de la venta de fotos a través de internet, con lo que el cliente se olvida de planes de suscripción, de tamaños de imagen y de rollos que muchas veces ni entiende ni necesita entender. Paga un dolar y tiene la foto que quiere en cada momento.

En principio, todos los fotógrafos de Fotolia tienen sus contenidos también en venta en Dollar Photo Club, pero desde su perfil, pueden solicitar que no se vendan sus fotos a través de esta subagencia de Fotolia.

Aunque este sistema de venta de cualquier foto a tan solo un dolar parece muy favorable para los compradores, muchos colaboradores de Fotolia piensan, o pensamos, que no lo es tanto para los fotógrafos, por lo que se llegó a crear una web, Boycottfotolia.org, en la que se animaba a muchos fotógrafos a eliminar sus fotos de Fotolia, pero esta web ya no es accesible y Dollar Photo Club sigue vendiendo miles de fotos a diario.

- **Vender fotografías en Fotolia**

Una gran ventaja que tiene Fotolia si quieres empezar a vender tus fotos a través de internet es que no te pide superar ningún examen, ni prueba de acceso ni nada parecido. Simplemente te registras con los datos reales, validas tu cuenta (es posible que te pidan un documento identificativo escaneado) y empiezas a mandar tus fotografías a la agencia.

Las fotografías que más se venden en esta agencia suelen ser las que tienen un contenido muy comercial, como por ejemplo personas realizando trabajos típicos de algunas profesiones, imágenes de negocios, etc. Además, es buena idea si quieres vender fotos en esta agencia, que prepares sesiones de fotos para las festividades más señaladas en todo el mundo, como pueden ser las navidades, Halloween, año nuevo, pascua, etc. que también se venderán muy bien.

- **Fotolia TV**
- Te recomiendo visitar el canal de Youtube de Fotolia, el que llaman FotoliaTV, ya que periódicamente publican vídeos interesantes como este vídeo en dos partes, de un taller de fotografía de microstock impartido por el crack de la fotografía de stock, Yuri Arcurs.

ACTUALIZADO: Stocksy

Stocksy se ha convertido con el tiempo en una agencia de stock alternativa con imágenes muy interesantes y de gran calidad. Se trata de una especie de cooperativa de fotógrafos en los que se valora enormemente el respeto hacia éstos.

Las comisiones por la venta de cada foto son muy elevadas, incluso tengo entendido que parte de los beneficios de Stocksy se reparten entre los fotógrafos al final del año, aunque no puedo confirmarlo.

La realidad es que Stocksy es algo así como la agencia en la que todos los fotógrafos de stock quieren vender sus fotos, pero se requieren varias condiciones que marca la agencia.

Para empezar, sólo podrás presentarte como fotógrafo colaborador de Stocksy en los periodos en los que se acepten nuevas propuestas. Estos periodos suelen ser de uno o dos meses cada año, dos años o incluso tres o cuatro años según el crecimiento de la agencia.

Además de tener que esperar a ese periodo de búsqueda de nuevos talentos, tendrás que encajar en su perfil. Cada vez que abren sus puertas facilitan los criterios que seguirán en la selección.

Lo normal es que acepten fotógrafos con experiencia, con imágenes de gran calidad y con un ritmo de producción bastante alto. Además valoran que seas activo en redes sociales y que demuestres espíritu de equipo ya que parte de la promoción de Stocksy viene de la mano de los propios colaboradores.

Además, tienes que tener en cuenta que todas las fotografías que vendas a través de Stocksy las venderás de forma exclusiva. Podrás trabajar con otras agencias, pero las fotos que tengas a la venta en Stocksy, sólo podrás venderlas ahí.

Dreamstime, 123 RF, Depositphotos... y tantas otras

Existen cientos de agencias más, además de las tres que te acabo de comentar. Todas ellas tienen sus clientes y sus colaboradores, pero quitando unas pocas, la mayoría te aportarán beneficios mínimos a lo largo del año.

Lo que ocurre es que en muchos casos, estas agencias "secundarias" tienen un proceso de envío de imágenes muy simple, por lo que no te llevará más que unos minutos más de tiempo enviar las fotografías que hayas mandado a Shutterstock, iStock y Fotolia.

Entonces ya que tienes todo el trabajo hecho y tienes las fotos listas para enviar a las agencias, merece la pena dedicar esos minutos más de tu tiempo y también mandar tus fotos a estas agencias "secundarias" que, aunque quizás no sea mucho lo que te aporten, todo suma.

Lo que suelo hacer yo, es mandar las fotos de cada sesión primero a las principales agencias, y después, en lotes más grandes, uniendo las fotos de varias sesiones, las mando a estas agencias secundarias, aunque hayan pasado semanas desde que hice las sesiones, como total no se venderán mucho, no corre tanta prisa.

Aquí tienes una lista de las agencias "secundarias" en las que considero que merece la pena mandar tu contenido además de Shutterstock, Fotolia y iStock.

- Dreamstime
- PhotoDune
- Pond5
- Crestock
- CanStockPhoto
- 123RF
- DepostiPhotos
- Veer
- CutCaster
- Graphic Leftovers
- Zoonar
- Yaymicro
- FeaturePics
- MostPhotos

- <u>Alamy</u>

Encontrarás otras agencias que no están en esta lista. Posiblemente se trata de nuevas agencias, que acaban de incorporarse al mercado. En ese caso mi recomendación es que en principio no pierdas el tiempo salvo que te sobre. Se trata de agencias sedientas de fotografías, que te ofrecerán cualquier cosa a cambio de que mandes tus fotos, probablemente te harán sentir como un/a fotógrafo/a muy especial para convencerte, pero la verdad es que es muy probable que mandes tus fotos y ganes nada o muy poco dinero, con lo que no merece la pena perder el tiempo en ello.

Capítulo 10 -¿Por dónde empiezo?

Lo primero de todo que debes hacer es registrarte en cada una de las agencias en las que quieras tener tus fotos a la venta. Mi recomendación en principio, es que te registres en Fotolia (Ahora Adobe Stock), por la simplicidad del proceso. Una vez registrado/a, hazlo en iStock y en Shutterstock.

Es importante tener claro que el registro en una agencia de Microstock es siempre gratuito. Si te piden que pagues para registrarte o para vender tus fotos, puede ser por dos motivos, o bien se trata de un servicio diferente a las agencias de Microstock, por ejemplo un servicio de alojamiento de imágenes que te permita además vender fotos, o bien, directamente se trata de una estafa, por lo que asegúrate de que el sitio web es fiable antes de pagar nada.

Algunas agencias como iStock y Shutterstock te pedirán que les envíes unas fotografías de muestra antes de poder empezar a vender tus fotos con estas agencias.

Capítulo 11 - Buscando un tema para las imágenes.

Está bien, te has registrado, tienes el material fotográfico que necesitas y quieres empezar a vender tus fotos. Pero espera un momento, quiero dejar bien clara la idea de lo que es el Microstock antes de que empieces a hacer fotos que quizás nunca se vendan, con lo que habrás perdido tu tiempo.

La idea de las fotografías para Microstock es que sean útiles para alguien, para potenciales clientes. Entonces lo ideal es que primero de todo te plantees qué clientes necesitarán esas fotografías que quieres hacer. Muchas personas me preguntan por qué, con un portfolio con cientos de imágenes no consiguen vender muchas fotos. Eso me ocurrió a mi en mis comienzos y no lograba entender porqué. Al revisar esos portfolios con tantas fotos y que se venden tan poco, descubres que suelen ocurrir dos cosas.

- La primera y la más habitual, es que se trata de fotografías con un bajo potencial comercial, disponen de un público muy reducido que necesite esas fotografías, por lo que no se venden a menos que sean las únicas de la agencia.
- La segunda, es que la mayoría de fotografías sí tienen un potencial comercial alto, pero están enfocadas a un mercado saturado con imágenes de calidad igual o superior, con lo que las ventas nunca serán demasiado elevadas.

Entonces mi consejo es el siguiente, en lugar de ir captando imágenes por el mundo, sin pensar en ningún momento en el Microstock, siéntate un rato delante del ordenador, investiga qué fotografías se venden y cuales no, qué temas están muy fotografiados y cuales no.

Hoy en día es difícil encontrar un tema que no se haya fotografiado todavía y del que no existan imágenes en las agencias, pero con una investigación a fondo, seguro que encontrarás algún tema en el que puedas destacar.

Lo ideal es que encuentres un tema con las siguientes características:

- Con pocas fotografías de otros fotógrafos a la venta
- Con fotos a la venta de baja calidad o de calidad por debajo de la que tu puedes ofrecer
- Con un alto número de clientes potenciales
- Un tema que conozcas o en el que tengas algún tipo de experiencia.

Como ves, no es fácil encontrar un tema así, especialmente hoy en día con lo saturadas que están las agencias de fotografía. Pero si buscas temas más concretos, en los que tengas experiencia, seguro que consigues hacerte un hueco en el mercado.

Céntrate en pequeños temas, no pienses en un tema tan amplio como la fotografía gastronómica, ni tan siquiera en un tema como platos de carne. Cuando te hablo de un tema concreto, estoy hablando por ejemplo de platos de carne de ternera a la parrilla. Éste sería un buen tema si hubiese poca competencia, o si fueses capaz de superar con creces la calidad de las fotografías de tus competidores y si además pensaras que existe un amplio público interesado en comprar fotografías sobre ese tema.

Una vez que encuentres el tema que crees que es adecuado, ponte las pilas y fotografíalo tanto como puedas. No te limites a tomar fotos simplemente de un filete de ternera a la parrilla desde varios puntos de vista, fotografía un filete de ternera crudo, alguien cortando esos filetes, el filete en la barbacoa, el filete en un plato con su guarnición, una persona joven comiendo un filete, una persona mayor comiéndose otro filete, un grupo de personas sentadas en una mesa en la que se han servido filetes de ternera a la parrilla, etc. etc. etc. Aprovecha que tienes pocos competidores para saturar ese tema con fotografías de la máxima calidad posible y muy variadas. Así, en el momento en el que tu competencia descubra ese tema en concreto, tu ya te habrás hecho con el mercado y tus fotos ya se habrán vendido muchísimo.

Capítulo 12 - Condiciones generales

Las condiciones generales para la mayoría de agencias son las siguientes:

- Debes ser mayor de 18 años
- Aceptas que eres el/la propietario/a de las fotografías
- Al regístrate deberás aportar tus datos reales. Es probable que la mayoría de agencias te soliciten que les mandes tu DNI o cualquier otro documento identificativo oficial en el que puedan comprobar que los datos que has introducido son reales y eres realmente quien dices ser.
- Tienes que confirmar tu cuenta a través de un correo que llegará al buzón de tu mail.
- Los precios de venta de las fotos son los mismos para todos los fotógrafos con la excepción de algunas agencias que organizan colecciones "estrella" con fotografías que se venden a precios más elevados.
- Como fotógrafos nos llevaremos un porcentaje en concepto de Royalties por cada fotografía vendida. Este porcentaje puede variar en función de la agencia y nuestra relación con ésta (si trabajamos como colaboradores exclusivos con la agencia o no, si hemos vendido tantas fotos que hemos subido en el ranking o en el nivel de colaborador, etc.)
- El porcentaje de nuestra comisión puede variar entre un 15% que pagan las agencias que menor porcentaje nos ofrecen, hasta un 60% que pagan algunas agencias a colaboradores exclusivos de máximo nivel de ventas.
- El precio mínimo de las imágenes suele estar alrededor de un euro, y el de la fotografía a máximo tamaño suele estar cerca de los 15 euros.
- En el caso de la suscripción, la agencia paga una cantidad de entre 25 y 40 céntimos de dólar por cada descarga bajo el sistema de suscripción.
- El cobro suele hacerse a través de Paypal o de cheque bancario tras acumular la cantidad mínima para el mismo, que suele estar entre los 50 y los 100 dólares.

- Como norma habitual, en las agencias de Microstock no hay un periodo mínimo de permanencia en la agencia, por lo que podrás eliminar tus fotos de la agencia cuando lo desees. Sin embargo, algunos casos muy concretos sí nos exigen un periodo mínimo de permanencia, por lo que te recomiendo que antes de enviar tus fotos a una nueva agencia, te asegures de este punto leyendo las condiciones particulares de esa agencia.
- Al vender fotografías en todo el mundo, una parte de nuestros compradores serán residentes en Estados Unidos, por lo que se nos aplicará una legislación de ese país que exige que paguemos unos impuestos por la venta de fotografías en ese territorio. Te recomiendo que rellenes el formulario fiscal que te facilitará la agencia cuanto antes. Se trata de un documento oficial de Estados Unidos, por el que se nos aplica una retención fiscal sobre las ventas a clientes de estados unidos. Si no rellenas el formulario fiscal, esa retención supondrá el 30% de tu comisión por las ventas generadas. En el caso de que seas ciudadano/a español/a, tras rellenar el formulario fiscal, esa retención se reduce al 5%. Si eres ciudadano/a de otro país, deberás revisar el tratado que tiene tu país con Estados Unidos para saber qué porcentaje de retención te corresponde.
- Como las fotografías se venderán bajo licencia "libre de derechos" deberás tener un contrato de modelo o de propiedad para todas las fotografías en las que aparezcan personas o propiedades privadas que sean reconocibles y que envíes a la agencia.

Capítulo 13 - Pruebas de acceso y exámenes de acceso

Algunas agencias nos hacen pasar una prueba de inspección para conocer el material que podemos ofrecerles. Si les gusta podremos acceder a la venta, si no pasamos la prueba, no, deberemos esperar un tiempo antes de repetir el examen.

A muchas personas eso les frena, o les da pereza o les da miedo, pero es más sencillo de lo que parece, simplemente debemos seleccionar nuestras mejores fotografías, intentando presentar temas más o menos variados, por lo menos variar los sujetos, no mandar todas las fotos de una manzana desde distintos puntos de vista.

La perfección técnica es fundamental en Microstock. Bien, pues en estas fotografías debemos demostrar que dominamos la técnica. Envía sólo fotografías que estén correctamente expuestas y procesadas (cuidado con las imágenes "sobreprocesadas").

Suelen tardar desde algunas horas hasta algunos días en darnos el resultado de la prueba de entrada a la agencia, no hay que ponerse nerviosos. Mientras esperamos podemos investigar un poco más a fondo qué fotos son las más vendidas en cada agencia y planear futuras sesiones.

En caso de no pasar el examen inicial, podremos volver a intentarlo. El problema es que algunas agencias nos hacen esperar hasta un mes antes de mandarles nuestras fotos de nuevo. Por eso debemos esforzarnos al máximo en el primer intento.

También es cierto que la exigencia para nuestras fotografías en este examen es ligeramente superior a lo habitual y no debemos desanimarnos si no pasamos la prueba a la primera.

iStock te pide tres fotografías, de las que deben ser aceptadas las tres. Si mandas las tres primeras y sólo dos pasan la prueba, entonces esas dos quedan como aceptadas y iStock te pide que mandes otra fotografía más que sea aceptada para pasar la prueba.

Shutterstock es otra de las agencias de Microstock que nos exige enviar algunas fotografías para que podamos empezar a subir nuestras fotos libremente sin límites.

Concretamente nos exige subir diez fotografías de las cuales siete deben ser aceptadas para pasar la prueba de acceso.

El mayor inconveniente es que si no pasamos esta prueba deberemos esperar 30 días para poder mandar de nuevo esas diez fotografías.

Me he dado cuenta de que a algunas personas les cuesta pasar esta prueba y que transcurridos los 30 días o no se acuedan de Shutterstock o... "para perder el tiempo otra vez..."

Si intentas pasar la prueba de acceso a Shutterstock y no lo consigues, te recomiendo que hagas lo siguiente:

Tenemos a nuestra disposición muchísima agencias de microstock. Aprovéchate de eso, manda primero algunas fotos a Fotolia o iStockphoto que son de las agencias más exigentes, 20-30 fotos por ejemplo, y una vez que esas fotos estén a la venta en alguna de estas dos agencias, manda a Shutterstock un lote de diez de las fotografías aceptadas en las otras agencias, intentando escoger temas variados.

Si ya tienes fotos a la venta en otras agencias, aprovéchate de eso y manda directamente las fotografías que más se estén vendiendo en estas otras agencias. Los inspectores de Shutterstock quedarán encantados con tus fotos y pasarás la prueba sin problemas.

Lo importante al pasar la prueba es demostrar que has entendido sus normas, etiquetar las imágenes con las palabras clave correctamente, añadir una descripción adecuada, etc.

Además de esto, lógicamente las fotos que enviemos no deben tener ningún problema técnico y deben ser lo más variadas posible. No vale enviar diez fotos de una sola sesión. Si hacemos fotos de paisaje, enviamos diez paisajes distintos, en moda, diez modelos, etc. pero nunca envíes ni siquiera dos fotos de la misma sesión.

La idea es meterse en la agencia y una vez dentro enviar el máximo de fotos posible, por lo tanto... vayamos a ser prácticos. Si nos exigen un mínimo de 10 palabras clave no pongas 11 porque quizá la número 11 no está directamente relacionada con la imagen y por culpa de esa palabra extra que no está relacionada con la foto, te rechazarán la imagen.

Una vez aprobado el examen o en el caso de habernos registrado en una agencia que no pida este examen de ingreso, ya podemos empezar a enviar nuestras fotos.

Capítulo 14 - Personas y propiedades privadas en las fotos

En general, las fotografías se venden bajo licencia libre de derechos o "royalty free". Por este motivo las propias agencias nos exigen que junto con todas las fotografías en las que aparezca una persona reconocible o una propiedad privada adjuntemos un contrato por el que la persona o el propietario nos cede los derechos de imagen.

Algunas agencias nos permiten vender nuestras imágenes bajo licencias sólo para uso editorial y en estos casos no serán necesarios contratos de modelo ni de propiedad privada, pero los compradores sólo podrán usar estas fotografías en medios editoriales como periódicos y revistas, pero nunca con usos publicitarios, panfletos o material de reventa, por lo que el número de ventas de nuestra fotografía se limitará enormemente.

¿Qué fotos necesitan contrato de modelo o propiedad?

Cualquier fotografía en la que aparezca de manera reconocible una persona, necesitará contrato de modelo. Fijar un límite entre lo que es una persona reconocible o no, suele ser complicado, ya que una persona en el fondo, desenfocada, puede o no ser identificable. Por este motivo suele establecerse que si la propia persona que aparece en la imagen es capaz de saber que es ella misma, entonces esa fotografía necesita un contrato de modelo. En el caso de las propiedades privadas ocurre lo mismo. Se necesita contrato de propiedad en aquellas fotografías en las que aparezca el interior de una propiedad privada y sea reconocible.

- Mi consejo es que siempre que sea posible adjuntes un contrato de modelo o de propiedad privada. Ten en cuenta que en caso de duda, los inspectores de las agencias prefieren no mojarse y rechazar nuestra fotografía. Además en caso de haber presentado una fotografía con alguna persona reconocible sin contrato y haber sido aceptada por la agencia, si surgiera algún problema con los derechos de imagen de esa persona, el responsable suele ser el fotógrafo y no la agencia que actúa como simple intermediaria.

¿Dónde conseguir los modelos o plantillas de contrato?

En general todas las agencias nos ofrecen sus propios contratos de cesión de derechos de imagen en inglés o en otros idiomas según la agencia. Estos formularios para rellenar suelen incluir el logotipo de la propia agencia, por lo que no nos servirán para otras agencias.

En la própia página de la agencia seguramente encontrarás algún apartado destinado a los contratos de modelo, en el que nos explican brevemente las condiciones y nos ofrecen estos formularios a modo de contrato, que podemos descargar e impimir para rellenar.

Contratos universales de cesión de derechos de imagen:

El problema o complicación surge cuando queremos subir una misma foto en la que aparezca alguna persona a varias agencias, ya que, en las plantillas que nos descargamos de cada agencia, generalmente viene incluido su logotipo y el resto de agencias no nos lo aceptarán.

Entonces si usamos estas plantillas, deberemos hacerle rellenar y firmar al modelo una copia para cada una de las agencias a las que vayamos a mandar la foto. Imagina lo que puede ser una sesión con diez personas en una misma foto y que además queremos mandar esa foto a diez agencias, tendríamos que rellenar y firmar ¡cien contratos!. Al final nos llevaría casi más tiempo rellenar y firmar los contratos que la sesión fotográfica y seguramente esas personas no querrán volver a posar para nosotros.

- Una posible solución a este problema es usar una plantilla de contrato universal como las que nos ofrece Yuri Arcurs en su web. Si tomamos una de esas plantillas que Arcurs comparte libremente, y cambiamos sus datos por los nuestros ya tenemos un contrato de modelo o propiedad que nos sirve para cualquier agencia.

- Estos contratos universales de modelo están en inglés y alguno de nuestros modelos pueden no saber inglés y no querer firmarlos si no son personas cercanas y que confíen plenamente en nosotros.
- Estas plantillas están escritas en inglés por un motivo muy sencillo, y es que algunas agencias no aceptan contratos en otros idiomas que no sea el inglés si no se trata de la propia plantilla de contrato que ofrecen en su própia web. Lógicamente los inspectores o compradores de las agencias no conocen el idioma de todos y cada uno de los colaboradores y por lo tanto puede que no comprendan lo que dice realmente un contrato universal de modelo escrito en español. Por este motivo sólo pueden aceptar contratos en otros idiomas si se trata de sus propias plantillas en las que sí pueden confiar.
- Una posible solución para estos casos en los que el/la modelo no quiera firmar la versión de contrato universal en inglés, es usar una plantilla universal en español para las agencias que lo acepten, y descargarnos las plantillas en español propias de cada agencia para las que nos lo exijan.

En definitiva, se trata de buscar lo que sea más cómodo para nosotros y para nuestros modelos. Siempre que sea posible usaremos una plantilla universal para ahorrarnos tiempo y no agobiar a las personas que fotografiamos con tantos papeles para firmar.

¿Cómo relleno el contrato de modelo o propiedad?

Puede parecer una tontería, pero muchas de las fotografías en las que aparecen personas, son rechazadas a diario aún incluyendo un contrato de modelo o propiedad por el hecho de estar este mal rellenado.

- Es importante rellenar todos los datos que nos pide el contrato, tanto los del fotógrafo como los del modelo y del testigo en caso de ser necesario. Un fallo habitual es no rellenar la dirección de vivienda habitual completamente. Es necesario escribir la calle, número, bloque, piso, letra, ciudad, provincia, pais y código postal como si nos

tuviesen que mandar una carta, todo completo y sin errores.
- En el caso de contratos de modelo para menores de edad deben incluirse los datos de los padres y su firma. Ya sabemos que el tema de las fotografías a menores es un asunto siempre delicado, por lo que debemos prestar especial atención al rellenar este tipo de contratos.
- Recuerda que en muchas ocasiones nos pueden pedir un documento de identificación válido que ayude a relacionar el contrato firmado con la persona que lo firma. Por este motivo es aconsejable escanear o fotocopiar el DNI, pasaporte o permiso de conducir por su tuviésemos que añadirlo al contrato.

¿Cómo adjunto el contrato a las fotos?

Una vez que tenemos el contrato de modelo correctamente rellenado y firmado, debemos escanearlo (o tomar una foto) en formato JPEG y enviarlo a la agencia junto con nuestra fotografía. Según la agencia debemos subir por un lado el contrato antes de subir la fotografía y después adjuntárselo al momento de etiquetar y clasificar la fotografía o bien, subir la fotografía y una vez subida, encontraremos en la página de etiquetado de la foto, un botón que nos permite seleccionar y subir el contrato individualmente para cada fotografía.

Lógicamente es más cómoda la primera opción en la que subimos el contrato sólo una vez y luego simplemente lo enlazamos con las fotografías en las que sea necesario. En la segunda opción debemos subir el contrato tantas veces como haga falta en las fotografías.

Si en una fotografía aparecen más de una persona, deberemos ajuntar tantos contratos como personas reconocibles aparezcan en la fotografía.

¿Cómo consigo que una persona firme el contrato?

Muchas gente me pregunta acerca de cómo conseguir que una persona que no conocemos y que pasa por la calle y la fotografiamos, nos firme un contrato de cesión de derechos de imagen. Es un tema delicado y complicado. Si tienes don de gentes, probablemente seas capaz de conseguir que un completo desconocido confíe en ti y te firme uno de estos contratos, pero lo más habitual es que no te atrevas a pedirlo o que la otra persona rechace la petición, con lo que mi consejo es que no te centres en hacer fotos "robadas" a desconocidos en la calle para Microstock, céntrate en organizar sesiones de fotos con modelos.

- Lo más habitual, sobre todo en los comienzos en Microstock, **es conocer a la persona a la que fotografiamos**, por lo tanto no suele ser complicado conseguir que nos firmen el contrato. Aún así, conviene siempre explicar claramente cual es la finalidad del contrato y en qué medios pueden ser usadas las fotografías que le tomamos.
- Otra opción es **contratar a modelos profesionales** que, en teoría, no deben tener ningún problema en firmarnos dicha autorización ya que al contratarlos les habremos explicado en que consiste la sesión y cual es su finalidad. Una buena opción de acceder a modelos profesionales o semiprofesionales sin tener que gastarnos mucho dinero en la sesión, es optar por modelos que acepten posar a cambio de algunas fotografías para su portafolio de modelo, lo que suele conocerse como TFCD (Time for CD).Generalmente aceptan este tipo de intercambio modelos principiantes o modelos muy interesados en nuestro proyecto, pero siempre podremos conseguir buenas fotografías que nos serán útiles tanto a nosotros como al modelo.
- Otra opción es tomar una **fotografía a una persona que "justo pasaba por ahí"**. En este caso suele ser más difícil conseguir un contrato de modelo ya que entran en juego nuestras habilidades comunicativas. Mi recomendación es que siempre lleves encima un contrato de modelo listo para rellenar y si ves que merece la pena intentarlo, acércate a la persona fotografiada y cuéntale la verdad, explícale para que quieres usar la fotografía y por qué necesitas ese contrato firmado. Seguramente te sorprenderá la cantidad de gente dispuesta a firmar el contrato. Lo ideal es que después tengas el detalle de

mandarle una copia de la foto. Ten en cuenta que también hay personas que no querrán firmarlo y que hasta se enfaden por haberles tomado la fotografía, pero eso entra dentro del juego de la fotografía callejera.

Capítulo 15 - Material fotográfico necesario

El material mínimo para hacer fotografías para Microstock es, como es lógico, una cámara de fotos. Los requisitos mínimos están ampliamente superados por cualquiera de los modelos actuales de cámara, por lo que el material fotográfico necesario dependerá de lo que tu creas que necesitas para hacer tus fotos. Aquí cada uno tendrá unas necesidades diferentes, pero básicamente podríamos clasificar al fotógrafo de Microstock en tres categorías:

- **Gasto mínimo y beneficios medios**: Este fotógrafo no dispone de muchos recursos. Utiliza el equipo fotográfico que tiene disponible en este momento y no se plantea invertir más dinero para conseguir imágenes extraordinarias. Suele ser el caso de la mayoría de aficionados. Con una cámara, un par de objetivos y quizás un trípode puedes fotografiar infinidad de temas, desde fotografía con modelos, comida, deportes, hasta naturaleza, viajes, etc. Como los gastos en material serán mínimos, si también mantienen bajos los gastos de producción (utilizando por ejemplo a familiares y amigos como modelo) prácticamente todas las sesiones fotográficas se traducirán en beneficios, con lo cual, aunque no logren imágenes de aspecto muy profesional o extraordinario que les permitan destacar entre la multitud y ganar enormes cantidades de dinero, sí consiguen introducir muchas imágenes con un gasto muy bajo, con lo que todo se convierte en beneficio.
- **Gasto medio y beneficios altos**: En este grupo encontramos a algunos fotógrafos aficionados que se han animado a invertir algo de dinero en equipos y material fotográfico profesional como por ejemplo un equipo de flashes, han ocupado una habitación en casa a modo de estudio, etc. y a los fotógrafos profesionales que utilizan el estudio en el que trabajan habitualmente para fotografiar también imágenes para Microstock. En este caso, la inversión aumenta, pero también lo hace la calidad del resultado final de las imágenes con lo que es

probable que las fotografías llamen la atención de un público mayor y se vendan más, con lo que los beneficios también se incrementarán. Si eres parte del primer grupo y estás obteniendo beneficios con tus fotografías, te recomiendo que te animes a invertir un poco más en material de iluminación por ejemplo y consigas mejores resultados. Esto te aportará todavía mayores beneficios a cambio de una pequeña inversión.

- **Gasto alto y beneficios altísimos**: En este grupo, la idea es hacer una gran inversión que te permita destacar por encima de cualquier otro fotógrafo. Por ejemplo, invertir en el alquiler de un helicóptero para captar imágenes aéreas de una ciudad, un campo o cualquier otro rincón del planeta. Contratar a cuarenta modelos, maquilladores, estilistas, pagar las tasas del ayuntamiento, etc. para simular por ejemplo una carrera de atletismo o una maratón. La gran ventaja en este caso es que conseguirás imágenes que ningún otro fotógrafo podrá conseguir simplemente porque no está dispuesto a asumir un gasto tan enorme. El peligro, lógicamente es que tras esa inversión los beneficios no sean los esperados. Por eso mi consejo es que únicamente inviertas cantidades muy grandes de dinero si estás seguro/a de que se trata realmente de un tema en el que merece la pena invertir tanto porque te reportará enormes beneficios y que, estás seguro/a de que otros fotógrafos con una inversión menor no serán capaces de conseguir esas mismas fotografías u otras muy similares, lo que haría que tuvieses competidores muy pronto.

La cámara

Algo que debes tener en cuenta a la hora de escoger tu cámara de fotos es que el precio de las imágenes que se venden en las agencias es el mismo para todos los fotógrafos y normalmente sólo varía en función del tamaño al que el cliente se las descargue, pagando más por los tamaños más grandes. Entonces, si tienes una cámara con más megapíxeles, conseguirás un tamaño de imagen superior, lo que hará que el precio máximo de tu foto sea más alto que el de otra cámara con menos megapíxeles.

Mi recomendación es que te hagas con una cámara réflex de gama media para empezar. Si eres de los que quieres apostar fuerte, te recomiendo antes una cámara de gama media con un buen kit de objetivos de alta gama, antes que invertir en un buen cuerpo de gama alta y quedarte con objetivos medios.

De todas formas, cualquier cámara con más de seis megapíxeles es válida, con lo cual prácticamente todas las cámaras actuales son más que válidas.

En mi caso, empecé con una Canon EOS 350D, la réflex de gama más baja que tenía Canon en ese momento. Transcurridos varios años, tengo tres o cuatro fotografías con las que ya he tenido suficientes descargas como para cubrir los gastos de la compra de esa cámara.

Posteriormente me compré una Nikon D700, una cámara de gama alta de Nikon, con la que me metí de cabeza en el Microstock, hice muchísimas fotos en el primer año, con lo que la amorticé rapidísimamente. Al año apareció en el mercado la D800, que con 36 megapíxeles me permitiría alcanzar tamaños de venta de las fotos más altos y por lo tanto precios de venta (y beneficios) más elevados. Además me abría la oportunidad de hacer vídeo, que también podría poner a la venta en las agencias de Microstock, con lo que decidí renovar mi D700 por la D800 con la que trabajo a día de hoy, tanto para las agencias de fotografía como para mi trabajo por encargo.

Los Objetivos

Cualquier objetivo te puede servir para fotografías para Microstock, simplemente te recomiendo que inviertas en los mejores objetivos que te sean posibles.

Si vas a vender fotografías de comida, te recomiendo que te hagas con algún objetivo de unos 100mm con la posibilidad de hacer fotografía macro, para captar interesantes detalles de la comida.

En el caso de que tu intención sea fotografiar personas, entonces te recomiendo que inviertas en algún teleobjetivo de alta calidad, un 70-200mm o incluso un 200-400mm pueden ser opciones caras, pero que seguro que te permitirán conseguir fotografías con poca profundidad de campo e interesantes desenfoques.

Trípode

Personalmente siempre recomiendo utilizar trípode, ya no sólo para fotografías de paisaje o de bodegón, sino también trabajando con modelos.

Se trata de una herramienta que te permitirá, por un lado estabilizar totalmente tu cámara, con el plus de nitidez que eso supone, pero por otro, te permite no tener que estar tan pendiente de sujetar la cámara, con lo que podrás centrarte en lo que tienes delante, tanto si es un paisaje, un edificio, o unos modelos sonrientes.

Iluminación

Tener un kit de iluminación de estudio o utilizar flash strobist, te abre un mundo de posibilidades creativas. Además, si sabes manejar bien la iluminación, serás capaz de dar un salto diferenciador entre las fotografías que puede conseguir cualquier persona con una cámara, y las que puedas conseguir tú con tu kit de flashes.

En este caso, sí que te recomiendo invertir en un kit de flashes de estudio medianamente buenos, no te quedes con kits de iniciación o muy básicos ya que ni la potencia ni la durabilidad de los mismos te compensará la inversión.

Ten en cuenta que necesitarás un espacio, una habitación en la que tener montados los flashes siempre. Si se trata de un espacio en el que tienes que montar y desmontar el kit de iluminación cada vez que tengas que hacer una sesión, se convierte en un engorro que ralentizará muchísimo tu flujo de trabajo.

Capítulo 16 - Ya estás en la agencia, y ¿ahora qué?

Has aceptado las condiciones de la agencia, cumples sus requisitos, tienes la cuenta activa y en el caso de que haya sido necesario, has pasado la prueba de acceso, ¡bien hecho!

Sin intención de desanimarte, tengo que advertirte que tan sólo has conseguido el primer paso de una larga carrera maratoniana. Ahora empieza lo bueno.

Llega el momento de empezar a mandar tus fotos, y para ello ahora que estás empezando, tienes dos opciones. La primera es escavar en tu disco duro, ahí donde guardas toda tu colección de fotos, en búsqueda de las imágenes que se adapten al concepto del Microstock y del "royalty free". La segunda, planteártelo como "el primer día del resto de tu vida fotográfica" y empezar a preparar nuevas sesiones fotográficas con el Microstock en la cabeza, es decir, única y exclusivamente pensando en que esas fotos se vendan.

Revisa las fotos de tu archivo

La primera de las opciones es indagar en tu archivo fotográfico en búsqueda de imágenes que se adapten a la venta a través de agencias, es decir, fotografías que sigan el estilo o la idea que te he comentado en el libro cuando te he descrito cómo es una foto de stock.

Por mi experiencia viendo cómo les ha resultado esto a algunos de mis alumnos, te recomiendo que si tienes un amplio archivo de fotografías comerciales, de las que dispongas plenamente de los derechos, es decir, con contratos de modelo firmados, sin marcas ni logotipos, etc. revisa bien tu archivo y empieza a añadir títulos y descripciones a todas esas fotografías que pienses que tienen un alto poder comercial.

En el caso de que hayas dedicado todos estos años a un tipo de fotografía más personal, sin objetivos comerciales, mi recomendación es que no pierdas mucho tiempo repasando tu archivo fotográfico y que te pongas las pilas produciendo nuevas sesiones fotográficas dirigidas a un mercado concreto.

Prepara nuevas sesiones

Tanto si tu archivo fotográfico está cargado de imágenes que, aunque sean de gran calidad no se adaptan al concepto de Microstock, como si ya has agotado todas las existencias de tu archivo, llega el momento de preparar nuevas sesiones de fotos. Salvo que cuentes con un equipo de producción, tú serás el/la encargado/a de todo el trabajo, desde buscar el concepto o tema que fotografiar, los modelos u objetos necesarios, las localizaciones, iluminación, toma fotográfica, etc.

Esto lleva mucho trabajo, pero también te da la posibilidad de adaptar la imagen final totalmente a tu estilo y al mercado del Microstock.

Mi consejo es que tengas en cuenta que esas fotos estarán a la venta en una agencia con muchos competidores tuyos, para clientes que no conoces y que no sabes cómo utilizarán tu foto. Entonces, pónselo fácil a tus clientes potenciales.

En la mayoría de agencias puedes subir tantas fotos como quieras, entonces aprovecha para tomar varios puntos de vista o varias tomas en una misma sesión. Lo suficientemente diferentes como para que merezca la pena enviarlos, pero ofreciéndole la posibilidad de escoger el encuadre, el punto de vista, etc. que mejor se adapte a las necesidades del posible comprador.

Capítulo 17 - Una vez que tengas las fotos

Como este no es un libro en el que aprender a hacer fotos, doy por supuesto que ya has hecho tu sesión fotográfica y tienes una buena colección de fotografías en las que escoger las mejores para mandar a las agencias. Entonces te explico paso a paso cual será el proceso de postproducción que debes seguir como mínimo para poder enviar las fotos a las agencias, parándome a explicarte con más detalle el tema del "keywording" o lo que llamaríamos etiquetado de las fotos, por su importancia a la hora de que los compradores encuentren tus fotos en la agencia.

Selección de los RAWs

Aunque no es algo obligatorio ni cien por cien necesario, sí te recomiendo que hagas tus fotografías en formato RAW, así dispondrás de un margen mucho mayor a la hora de procesar tus fotos.

Entonces voy a suponer que dispones de una serie de fotografías en formato RAW, tomadas durante una sesión de fotos.

Las descargas en el ordenador y llega el momento de seleccionar las mejores y sólo las mejores.

Ampliando las fotos al cien por cien, descartarás directamente, sin dudarlo, todas aquellas en las que el enfoque no sea totalmente perfecto, aquellas en las que no haya saltado alguno de los flashes en el caso de utilizarlos, todas las fotos que estén movidas, aunque sea ligeramente, es decir, todas aquellas con errores técnicos aunque sean mínimos.

Ninguna fotografía con errores técnicos pasará la prueba de inspección de la agencia, y por lo tanto no pasará a estar a la venta, por lo que te recomiendo que no dediques tiempo y esfuerzos en intentar arreglar esa foto, ya que sólo gastarás tu energía para nada.

Una vez eliminadas las fotos técnicamente incorrectas, debes seleccionar las que tengan la mejor composición y en las que el elemento que fotografíes exprese el concepto o tema de la sesión lo mejor posible.

Como norma general, suelo quedarme con unas cinco o seis fotos de cada sesión, teniendo en cuenta que si estoy fotografiando modelos, un cambio de concepto, un cambio de ropa, etc, lo considero una nueva sesión.

En el caso de ser fotografías más complejas o con puntos de vista muy diferentes, puedo seleccionar más fotos, pero normalmente no paso de 10 o 15 fotos, ya que el resto suelen ser o repeticiones con variaciones mínimas, o bien imágenes de menor calidad que no llegarán a venderse nunca.

Procesado mínimo de los RAWs

Llega el momento de pasar a la pestaña de Revelado de Lightroom, abrir Camera RAW, o utilizar el programa de revelado digital que prefieras.

El procesado que como mínimo te recomiendo que le apliques a una fotografía para Microstock es un revelado básico de la imagen, ajustando la exposición, sombras, luces, etc. el contraste si es necesario y el color.

Además te recomiendo muchísimo que ajustes las correcciones del perfil de lente (algo que puedes hacer con un solo clic en Lightroom), y que corrijas la aberración cromática, ya que es algo que no toleran los inspectores que revisarán tus fotos antes de que pasen a la venta.

Otra cosa que deberás corregir en todas tus fotos visualizándolas al cien por cien, es la presencia de motas de polvo o manchas en el sensor. En el caso de fotografiar paisajes, ten en cuenta que algunos pájaros vistos de lejos, pueden confundirse con motas de polvo, con lo que te recomiendo que utlices la herramienta clonar para eliminarlos si crees que el inspector puede confundirlos con puntos de suciedad.+

El procesado mínimo pretende mejorar una buena fotografía con unos pocos ajustes, y deberías aplicárselo a todos tus raws.

Procesado avanzado de los raws

La fotografía de Microstock es un mundo libre, en gran parte es fotografía publicitaria, por lo que puedes retocar las fotos tanto como quieras. Puedes aplicar un retoque de pieles hasta dejarlas suaves y perfectas. Puedes crear nuevas fotografías a partir del montaje o la unión de otras. Puedes incluso utilizar algún diseño vectorial o diseño gráfico y combinarlo con alguna de tus fotos.

Las posibilidades son infinitas y, mientras todos los retoques fotográficos que hagas sean adecuados y no los desarrolles mal o de manera incorrecta, serán aceptados por la agencia.

Exportación a JPEG

Una vez que tienes la foto tal y como deseas enviarla a la agencia, llega el momento de crear el archivo definitivo que mandarás a la agencia.

Deberás exportar siempre tus fotografías en formato JPEG de máxima resolución y de máxima calidad (calidad 12 en Photoshop).

Siempre debes exportar tus fotos sin marcas de agua, ni firmas ni nada similar, ya que en tal caso limitarías la usabilidad de esas fotos y por lo tanto no pasarían la prueba de inspección en la agencia y jamás estarían a la venta. Las propias agencias incorporan su marca de agua para evitar robos de las fotos.

Entonces tendrás de cada archivo raw seleccionado y procesado, una foto en formato jpeg de máxima resolución posible.

Llega un momento muy importante, el de etiquetar tus fotografías.

Capítulo 18 - Etiquetado (keywording) de los archivos

Es posiblemente uno de los pasos más trabajosos pero también más importantes del proceso. De ello dependerá que nuestra imagen sea más o menos visible.

Hasta hace poco, prefería realizar el etiquetado de mis fotos directamente sobre los archivos raw en Lightroom.

Puedes ver cómo utilizar Lightroom para etiquetar tus fotografías en este vídeo que tengo en Mi Canal de Youtube.

El problema es que este programa reordena las palabras clave de forma alfabética, lo que es perjudicial ya que algunas agencias de fotografía dan más relevancia a las palabras que aparecen primero en la lista de palabras clave.

Actualmente lo que hago es primero exportar los archivos raw procesados con Lighroom a jpeg y entonces abro esos jpeg en Adobe Bridge y añado las palabras clave directamente sobre los archivos jpeg, así se mantiene el orden en el que los añado y por lo tanto las primeras palabras que añada serán las más relevantes para cada fotografía.

Normalmente todas las agencias nos exigen cuatro puntos a rellenar:

- **Título**: De una a cinco palabras que hagan referencia concreta a la fotografía.
- **Descripción (o pie de foto)**: Una frase que indique de que se trata, variedades de productos, localizaciones, edad aproximada de la persona, etc.
- **Categorías**: Deberemos seleccionar qué tema está representado en nuestra imagen. Suelen pedirse dos o tres categorías, pero para algunas imágenes puede ser difícil encajarlas en tres categorías, por lo que normalmente nos permiten dejar alguna en blanco. Se añaden una vez subida la foto, y desde la página de la propia agencia.
- **Palabras clave**: Las palabras que utilizarán los buscadores de la propia agencia para ofrecer los resultados de búsqueda a nuestros posibles compradores.

Suele debatirse si es más conveniente poner muchas palabras clave para que sea visible en más búsquedas, o si por el contrario, es mejor poner unas pocas palabras clave para que aparezca en los primeros resultados de las búsquedas al ser cada palabra más relevante para nuestra foto.

La conclusión es un punto intermedio. Etiquetar nuestras fotos con unas 15 o 20 palabras debería ser suficiente para hacer referencia a las palabras relacionadas con nuestra fotografía sin añadir términos sin ninguna relación o muy poca y que lo único que consigan, es quitarle relevancia a las verdaderamente importantes.

En algunas agencias nos permiten etiquetar las fotografías directamente en Español (y también en otros idiomas) y en la propia agencia se traducen de manera automática a otras lenguas, pero algunas agencias (la mayoría) nos exigen que las etiquetemos directamente en Inglés.

Casi todas las agencias reconocen los datos EXIF de la fotografía y si subimos una fotografía a la que le hemos añadido previamente un título, la descripción y las palabras clave, los detectarán y no deberemos volver a añadirlos de nuevo en la página de cada agencia.

Mi consejo es que el etiquetado de palabras clave, título y descripción lo hagas directamente sobre el archivo (en los datos EXIF de la foto) antes de mandarlo a ninguna agencia, y que lo hagas en inglés para no tener problemas con ninguna.

Una vez etiquetada la fotografía debemos enviarla para la revisión donde pueden aceptar nuestras fotografías para la venta o rechazarlas.

Las categorías, en el caso de ser necesarias para la agencia, las añadiremos desde la misma página web de la propia agencia.

Para no dejarme palabras clave relevantes para la fotografía sigo un proceso que me funciona bastante bien.

La idea es etiquetarlo con las palabras clave que utilizará un comprador que esté buscando una foto como la nuestra, así que el orden que utilizo yo en el etiquetado es el siguiente:

- **Elementos que aparecen directamente en la foto**. Son objetos como tal, o personas como tal. Palabras clave

como pera, fruta, perro, casa, persona, mujer, coche, etc. serían adecuadas en este paso.
- **Elementos directamente relacionados** con los elementos de la foto o conceptos relacionados: Aquí me refiero a palabras clave como alegría, juventud, belleza, medicina, fiesta, actualidad, etc.
- **Elementos o detalles técnicos** verdaderamente relevantes. Por ejemplo si la foto es vertical u horizontal, si tienes espacio para incorporar un texto, si está llena de color o si se trata de un objeto aislado sobre fondo blanco, etc.

Con estos tres pasos no suelo dejarme ninguna palabra clave en el tintero, y me permite alcanzar fácilmente una media de unas 20 palabras clave.

Capítulo 19 - Envío de las fotografías a las agencias

Ya tenemos acceso al panel de subida. Ahora debemos conocer los requisitos mínimos del archivo fotográfico que vayamos a enviar.

Como norma general podemos decir que se nos exigirán fotografías en formato JPEG, de 6 megapíxeles como mínimo y guardadas en la máxima resolución que permita nuestra cámara y la máxima calidad posible (Calidad 12 en photoshop)

Normalmente todas las agencias nos ofrecen varios sistemas de subida:

- **Envío de archivos individuales** directamente desde un botón o formulario HTML (tal y como las subiríamos a Facebook por ejemplo). Es un poco rollo ya que rara vez subirás tan sólo una foto, por norma general, acostumbrarás a subir lotes de fotos, lo que hace que adjuntar un archivo, y tener que esperar a que se suba a la agencia para poder subir el siguiente se convierte en una tarea muy pesada, por lo que no te recomiendo esta forma de enviar las fotos.
- **Aplicaciones propias de la agencia** para subir lotes de fotos a través de formularios flash o a través de aplicaciones para dispositivos móviles. Esta opción es algo mejor que la anterior. Ya puedes subir lotes de fotos, aunque para mi, presenta un gran inconveniente si quieres subir las fotos a más de una agencia. Primero, vas a tener que mantener abierta la web de la agencia durante todo el proceso de carga de las fotos, si lo cierras, cortas la subida. Por otra parte, si mandas las fotos a varias agencias a la vez, se saturará tu conexión a internet.
- Si vas a trabajar con varias agencias te recomiendo que te descargues algún **cliente de FTP** como por ejemplo FileZilla ya que la mayoría de agencias nos permiten enviar las fotografías por FTP y esto nos permite enviar grandes lotes a la vez y a varias agencias. Simplemente abres FileZilla y te conectas al servidor FTP que te

proporcionará cada agencia, arrastras las fotos que quieras enviar hasta el panel correspondiente de FileZilla y repites la operación en cada agencia a la que tengas que enviar ese lote de fotos.

En el caso de enviar tus fotografías a través de FTP normalmente deberás acceder después a la página y mandar los lotes enviados a la cola de etiquetado. Si las subes directamente desde su web, pasan a la cola directamente.

Capítulo 20 - Enviar la foto para la revisión y seguir creando

Una vez finalizado el proceso tienes que guardar ("submit" o "send" o "send to curator") la foto para que algún trabajador de la agencia pueda revisarla, comprobar que todos los detalles técnicos son correctos, que el etiquetado es adecuado y que posee un potencial comercial interesante. Tras la revisión llegará el veredicto:

En caso de rechazo

A nadie le gusta que le rechacen sus fotografías, pero a todo el mundo le rechazan más o menos fotos, incluso a los mejores y más destacados fotógrafos de Microstock.

Lo ideal es conseguir minimizar el porcentaje de rechazos ya que una fotografía rechazada no es únicamente una foto que no tendremos a la venta, sino que es una foto que hemos tomado, editado, etiquetado, subido a la agencia y esperado el periodo de revisión… eso es mucho tiempo y trabajo ¿no?

La pregunta entonces es ¿Cómo minimizar el número de fotografías rechazadas?

- La mayoría de agencias de fotografía nos indican el motivo por el que ha sido rechazada nuestra fotografía. Gracias a esto tenemos una oportunidad de aprender de nuestros errores e intentar no repetirlos en el futuro.
- Una agencia que trabaja muy bien ese aspecto es iStockphoto ya que además de darnos una lista con los motivos de rechazo explicados, nos ofrece enlaces con información para solucionar estos errores. Pero no todas las agencias funcionan así, algunas simplemente te dicen algo así como "Rechazada por falta de calidad" y ya te las apañas tú mismo.
- Si aún así, después de la explicación no tenemos del todo claro el motivo del rechazo u opinamos que no debería haber sido rechazada, podemos pedir una explicación en los foros de la propia agencia o en foros de otras webs.
- Algunas agencias ofrecen la posibilidad de corregir los errores que nos indican en la foto (si los errores se

pueden arreglar digitalmente) y volver a mandar la imagen, pero de nuevo volvemos a estar gastando tiempo. Si la foto hubiese sido correcta desde el principio nos ahorrábamos este tiempo.

Lo principal ante una fotografía rechazada es no desanimarse, estudiar el motivo del rechazo y evitar volver a caer en los mismos errores.

En caso de aceptación

La otra opción después de la inspección, la buena, es que la fotografía sea aceptada para la venta.

¿Es este el momento de coger la toalla e irse a la playa a tomar el sol mientras "mi fantástica foto me hace millonario"?

Ya nos gustaría, pero no es así. No conozco a ningún fotógrafo dedicado al microstock que haya dejado de trabajar porque "como sus fotos se van vendiendo sin que él haga nada…".

Incluso Yuri Arcurs dice que sus gastos fijos mensuales son muy elevados y no podría permitirse dejar de trabajar durante mucho tiempo.

- Después de conseguir que nos acepten las fotos, llega el momento de intentar promocionarlas. Disponemos de muchísimas herramientas en la red que nos pueden ayudar en esta labor. Las más conocidas y más fáciles de utilizar son twitter, facebook o un blog personal en el que publicar nuestras fotos y enlazarlas a la página de la fotografía en la agencia.
- Si decides utilizar Flickr para este fin, debe tener cuidado ya que esta comunidad no permite el uso de sus cuentas con fines comerciales o promocionales, así que debes evitar poner enlaces a agencias de microstock directamente en las descripciones de Flickr.

Aunque pienses que la promoción no merece la pena, o que es imposible saber hasta que punto te puede ayudar, lo que no puedes dejar de hacer es parar de mandar contenido a la agencia.

Es curioso, pero en microstock las matemáticas muchas veces fallan y si con 100 fotos ganamos 100 dólares al més, no tenemos porqué ganar 1000 dólares con 1000 fotos, podemos ganar más o menos, incluso de un mes al siguiente, lo que está claro es que si tienes más fotos y de mayor calidad, ganarás más dinero.

Capítulo 21 - Los modelos o licencias de venta

Básicamente en el mundo del Microstock tenemos dos opciones para vender nuestras fotos, bajo licencia "royalty free" o bajo "editorial"

Royalty free

En este caso, el comprador pagará una sola vez por las fotos y podrá utilizarla sin tener que volver a pagar cada vez que la necesite. Aunque pueda parecer que las restricciones son mínimas, la realidad es que cuando vendes tus fotos a través de una licencia Royalty free, el comprador debe cumplir una licencia estándar concreta para cada agencia, que, aunque en algunos casos es más permisiva que en otro, la realidad es que deja las limitaciones muy claras.

Esta licencia o modelo royalty free es ideal para aquellas fotografías de las que poseas todos los derechos de imagen, contratos de modelo o de propiedad.

Las fotografías que pongas a la venta bajo esta licencia, se podrán utilizar en todos los medios y para todos los usos, tanto comerciales como no comerciales, usos editoriales, anuncios, etc. con lo que el abanico de compradores es enorme.

Editorial

La licencia editorial es tu recurso para las fotos en las que aparezcan marcas comerciales o personas de las que no dispongas los derechos de imagen. Se trata de un tipo de licencia que pone a los compradores las mismas restricciones que la licencia estándar del Royalty free, pero en este caso, los compradores tan sólo podrán darle un uso editorial, esto es en publicaciones como libros, contenido de una revista, formación y/o educación, etc. siempre y cuando no se explote comercialmente y de forma directa la imagen.

Entonces es un tipo de modelo ideal para aquellas fotografías de tipo periodístico en las que fotografías una escena interesante, un evento, etc. en la calle y no dispones de todos los derechos de esa imagen.

También es un tipo de modelo utilizado para vender fotografías de productos tecnológicos con diseños protegidos, como por ejemplo un iPhone, en el que cada botón, cada curva, cada línea está patentada, registrada, protegida, asegurada, etc. por Apple, con lo que no tendrás los derechos de explotación de esa foto, pero podrás venderla bajo licencia editorial. El comprador podrá utilizar esa foto del iPhone para hablar y explicar sus características, pero no para hacer un anuncio o un banner para una web.

Licencias extendidas

En el caso de que los compradores necesiten utilizar las fotos para fines que no estén incluídos en la licencia estándar, éstos tendrán que pagar una cantidad extra de la que tú te llevarás también tu comisión que te corresponda.

Cuando vendes una licencia extendía sueles ganar entre 25 y 50 dólares más, con lo que los ingresos aumentan notablemente.

El tipo de casos en los que el comprador deberá pagar esa cuota extra, son por ejemplo si quiere utilizar esa fotografía para fabricar un material que va a revender, como por ejemplo tazas, postales, posters, calendarios, etc. que va a poner luego a la venta. Otro ejemplo es si quiere sacar más copias de las que permite la licencia estándar de la agencia de la que se lo descargue.

En función de los usos extra que quiera darle a tu fotografía, tendrá que pagar más o menos, incluso más de un tipo de licencia extendida.

Capítulo 22 - Está bien, tengo mis fotos a la venta, ¿ahora que?

Ahora llega el momento de no dormirse en los laureles. Mi consejo es que sigas produciendo fotos, que no esperes a que las primeras fotos que tienes a la venta se vendan para seguir mandando más imágenes.

- **Continúa enviando fotos**: Cuantas más fotografías y de mayor calidad tengas en cada agencia, más fotos se venderán y más visibles serán las que todavía no hayas vendido, con lo que aumentarán las posibilidades tanto de vender las nuevas fotos como las antiguas.
- **Analiza las estadísticas de venta**: Comprueba qué fotos se venden y cuales no, y centra tus esfuerzos en continuar produciendo el tipo de fotos que más salida tengan en el mercado al que te diriges. No caigas en un error típico que consiste en pasarse más tiempo revisando si se venden las fotos o no, que preparando y llevando a cabo nuevas sesiones. Tu trabajo es hacer fotos y ponerlas a la venta, deja que la agencia se encargue de venderlas.
- **Acumularás dinero por las ventas**: Cada vez que se venda una foto tuya, la agencia acumulará el dinero en tu cuenta de la agencia. Una vez que alcances la cantidad mínima de pago, que suele rondar los 50 o 100 dólares, podrás solicitar el pago a través de paypal o de cheque bancario.
- **Promociona tus fotos**: Puedes compartirlas en las redes sociales, crear una web con un blog en el que publiques tus sesiones enlazadas a las fotografías en la agencia, puedes hacerlo como quieras, incluso hablar personalmente con diseñadores o clientes potenciales que puedan comprar fotografías tuyas periódicamente. Date a conocer y créate un nombre, así conseguirás que muchos compradores te reconozcan y busquen directamente tus fotos en lugar de las de otros.

Capítulo 23 -¿Cómo y cuánto ganaré por vender mis fotos?

Esta es una de las preguntas más difíciles de responder ya que depende de muchos factores como por ejemplo el tipo de fotografías que realices, la calidad de esas fotografías, la agencia o agencias donde las vendas y el tiempo que dediques a la fotografía de stock que influirá directamente en el número de fotografías que tendrás a la venta y en su calidad.

- Podría decirte que vas a ingresar más de un millón de dólares al año como Yuri Arcurs, el rey del microstock, pero casi con toda seguridad te estaría mintiendo.
- Aunque los precios de venta y las comisiones varían de una agencia a otra, podemos establecer que de manera general obtendremos alrededor de 1 dólar por cada descarga de cada una de nuestras imágenes. En algunas agencias esta cantidad puede ser inferior debido principalmente a dos factores, la comisión que corresponde al fotógrafo es menor o existe lo que en microstock se conoce como descargas por suscripción, en la que el comprador no compra únicamente una imagen sino que lo que compra es un pack de descargas a través del cual puede obtener un número determinado de fotografías y, por supuesto, a un precio mucho menor que la descarga individual.
- Además, en algunas ocasiones los compradores pretenden lanzar un gran número de copias de esa imagen, o pretenden crear objetos para la venta (postales, posters, etc.). En estos casos deberán descargar la imagen bajo una licencia especial, la licencia extendida que nos aportará mayores beneficios (fácilmente obtendremos 25 dólares por este tipo de descargas).

Entonces es fácil entender que en microstock el número de ventas debe ser muy alto para obtener unos beneficios considerables, pero también es fácilmente comprensible que ese volumen de ventas es posible gracias a los precios bajos.

Preguntas frecuentes

Aquí tienes respuestas a las preguntas que más frecuentemente me hacen los alumnos durante el taller de introducción al Microstock, y otras que se me han ido planteando durante todos estos años que llevo vendiendo fotos a través de las agencias.

¿Puedo vender mi colección en varias agencias?

Siempre y cuando no estés trabajando como fotógrafo/a exclusivo/a en alguna de las agencias, sí que puedes vender tus fotografías en tantas agencias como quieras.
No te recomiendo que te hagas colaborador exclusivo de alguna agencia y luego vendas fotos, ni tan siquiera con otro nombre, en otras agencias, terminarán pillándote, quitándote los beneficios de esa exclusividad y puede que hasta echándote de la agencia.

¿Merece la pena hacerse colaborador exclusivo?

Aquí pienso que hay dos casos o situaciones que pueden hacerte decidir:
- Si dispones de mucho tiempo para dedicarle a las agencias, no te recomiendo que te hagas colaborador exclusivo, pienso que conseguirás mayores beneficios si vendes tus fotos a través de 10 o 20 o 60 agencias en lugar de sólo en una, aunque te ofrezca un porcentaje ligeramente superior de comisiones.
- Si no dispones de mucho tiempo, sí te recomiendo hacerte colaborador exclusivo. En este caso creo que debo recomendarte que lo seas de iStock o de Stocksy, pienso que ahora mismo son las únicas agencias en las que merece la pena hacerlo. Así podrás centrar tus esfuerzos en vender las fotos sólo en esa agencia.

¿Tengo que mandar varios tamaños de cada foto?

No, las agencias tienen un sistema automatizado en el que tu mandas las fotos a la máxima resolución posible, y automáticamente se generarán las versiones para todos los tamaños de venta sin que tu tengas que hacer nada más.

¿Pueden robarnos las fotos que están en la agencia?
Las agencias incorporan una marca de agua que en cierta medida protege las fotografías de posibles robos o usos fraudulentos. Otro factor que nos protege es el propio precio de las fotos. Que nos roben fotografías con precios tan bajos es menos probable que otras por las que deberían pagar mucho más.

¿Puede un comprador usar una imagen para un fin que no esté en la licencia estándar y no pagar la licencia estendida?
Legalmente no, pero la verdad es que con la cantidad de imágenes que se venden diariamente en Microstock, éste es un tema complicado, por lo que en este caso, sinceramente pienso que sí, que muchos compradores se saltan las condiciones de la licencia y usan la foto de forma fraudulenta o ilegal.

¿Cuánto suelen tardar en aceptar una imagen?
La mayoría de agencias realizan la revisión de la imagen en unas 48 horas, aunque algunas pueden tardar una semana, incluso, en casos como fotografías de colaboradores no exclusivos de iStock, pueden pasar hasta un mes a la espera de que revisen unas fotografías.

¿Cómo funciona el microstock de cara a los impuestos?
Es una actividad económica y como tal, deben declararse los ingresos según la legislación de tu país.

¿Es posible vivir del Microstock ahora mismo?
Realmente pienso que sí es posible. Se trata de un trabajo duro, complicado y difícil, pero por mi experiencia, con fotografías de calidad, dirigidas a un público objetivo, sí es posible vivir exclusivamente del Microstock en la actualidad.
Es más complicado que en el pasado, ya que hay muchísima más competencia, pero también es verdad que el número de compradores ha aumentado muchísimo y continúa haciéndolo día a día, así que aunque es una dura batalla, es posible ganarla.

¿Cuántas fotos necesito para poder ganar una cantidad de dinero considerable?

Lo siento pero no puedo darte una cifra concreta, ya que depende totalmente del tipo de fotos que hagas, la cantidad de compradores que estén interesados en los conceptos y temas que fotografías, y la cantidad de competidores que tienen esos temas.

Existen fotógrafos que viven exclusivamente del Microstock y tienen en sus portfolios unas mil fotos. Otros, sin embargo, con más de cinco mil fotos, siguen realizando otros trabajos.

Mando muchas fotos, pero en las principales agencias me las rechazan casi todas. ¿Qué está ocurriendo?

Probablemente se deba a algún problema técnico o de procesado. Revisa tu flujo de trabajo, revisa las fotos ampliándolas al 100% para comprobar que esté todo bien enfocado, tus fotos no tengan ruido o estén trepidadas. Si piensas que todo es correcto, envía una selección de tus mejores fotos. Si siguen rechazándotelas, comprueba que las fotografías que estás mandando se adaptan al concepto comercial del Microstock.

Tengo muchas fotos en las agencias, pero las ventas no llegan ¿Por qué?

No te desanimes, puede deberse a varios factores, lo más común es que tus fotografías se estén haciendo un hueco en la agencia, date un poco de tiempo y las ventas llegarán. Otra posible situación, es que hayas mandado fotografías de temas o conceptos con mucha competencia, o de los que tus competidores han conseguido hacer fotografías de mayor calidad de las que has podido hacer tu en tus inicios. En este caso te recomiendo que revises otra vez los contenidos disponibles en las agencias y busques algún tema en concreto, en el que sepas que eres capaz de lucirte y del que además no haya una enorme cantidad de fotografías que te vayan a hacer la competencia.

Conclusión y agradecimientos

Espero que este ebook te ayude a introducirte en el mundo de las agencias del Microstock, que consigas tener el máximo de fotografías a la venta y con ellas obtengas enormes beneficios tanto económicos como de aprendizaje.

No puedo asegurarte que te hagas millonario vendiendo las fotos, pero sí que si sigues el contenido de este libro, conseguirás ahorrarte muchísimo tiempo en ensayos y errores, además de tener que buscar información sobre todo el proceso que tienes que seguir para vender tus fotos.

Te agradezco que hayas llegado hasta aquí, y te agradeceré todavía más que compartas este libro con quien quieras. La información y el aprendizaje que uno lleva a cabo a lo largo de su vida, debe compartirse, y, en el caso de la información sobre el Microstock, algo que te puede permitir trabajar, vivir y disfrutar de una de tus pasiones que es la fotografía, debería llegar a cuantos más fotógrafos mejor, después cada uno decide si este mundo va con él o no.

Ayúdame a seguir mejorando este ebook y los siguientes

Estoy preparando otros ebooks tanto sobre cómo vender más fotos en Microstock, como sobre otros temas de fotografía, temas técnicos y creativos.

No te olvides de dejar una valoración sobre el ebook, si puede ser de cinco estrellas, mucho mejor :)

Si tienes alguna propuesta o idea para mejorar este ebook u otros futuros, puedes hacérmela llegar desde el el formulario de contacto de mi web: www.josebarcelofoto.com o bien a través de info@josebarcelofoto.com

Los ebooks de José Barceló

Creatividad fotográfica: El tiempo de exposición.
Microstock: Cómo ganar dinero con tus fotografías

www.ingramcontent.com/pod-product-compliance
Lightning Source LLC
Chambersburg PA
CBHW030450220526
45464CB00006B/2472